駿府の時代

家康の大御所政治

杉山元衛

駿府城本丸に築かれた天守台の絵図。駿府城はたびたび火災に見舞われ、天守も完成後まもなく焼失した（P68）

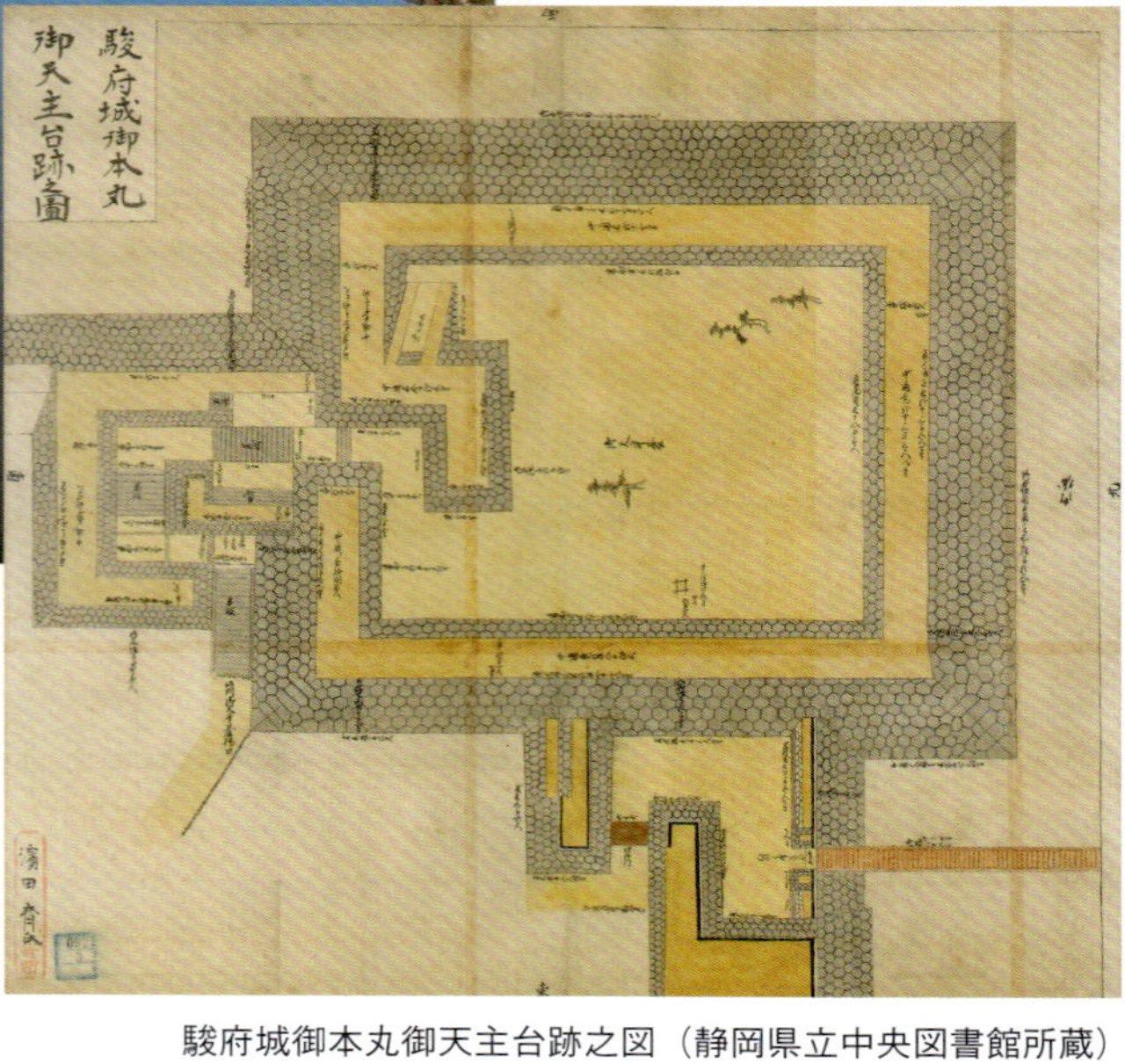

駿府城御本丸御天主台跡之図（静岡県立中央図書館所蔵）

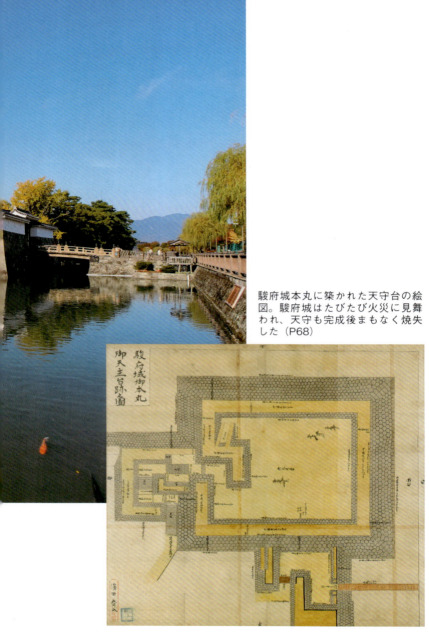

慶長12年（1607年)、家康は江戸城を三男秀忠に譲り、駿府へと移った。
駿府城は天下普請により、大規模な修築が行われた（P15）
写真提供：水野茂（静岡古城研究会会長）

家康は駿府城に移った後、銅活字を用いて『大蔵一覧集』『群書治要』を刊行した。これらは駿河版と呼ばれ、現存する銅活字３万2166個は国の重要文化財に指定されている（P101）

凸版印刷株式会社 印刷博物館 提供

駿府の時代
―家康の大御所政治―

杉山元衛

はじめに

駿府城跡は少年時代のよい遊び場であった。中堀（二の丸堀）や外堀（三の丸堀）では釣りをし、夏はよく泳いだ。ボート遊びに興じたこともあった。本丸跡の家康の手植えと伝えられる蜜柑は酸っぱく、あの「狸おやじ」は、本当にこの蜜柑を食べたのかと話し合ったこともあった。

その当時静岡市民は、家康のことを「家康公」と呼ぶよりも、「狸おやじ」と呼ぶ人の方が多かったように思う。江戸幕府の創設者というよりも、奸計をめぐらして、豊臣家を滅ぼした陰謀家としてのイメージが、強かったためと思われる。その後、小説や映画・テレビドラマなどによって、家康のイメージは大きく変わり、今は「狸おやじ」の語は、死語になった感がする。

元和二年（一六一六）四月、駿府城本丸で家康が七五年の生涯を閉じてから、四〇〇年の歳月が流れた。このため、近年は家康に関するものがいろいろと見られるようになった。しかし、いずれも家康が駿府でどんな人たちとどのような日日を過ごしたのか、また、駿府では、具体的に何を行ったのかということが、十分に描かれていないと感じた。

このため、この点に焦点をしぼってまとめてみようと思った。それは、少年時代に駿府城跡で遊び、長じて近世史を学んできた者の使命と思ったからである。

大御所家康が江戸から駿府に移って、その生涯を閉じるまでの一〇年は、駿府が事実上の首都であった。このため、大袈裟かもしれないが、書名を「駿府の時代」とした。この時期の家康と駿府を描くことは、同時にこの時代を描くことになるからである。

家康に関しては、これまでに多くの書や論文が出されている。そうした先学に学びながら、改めて駿府の一〇年を描くことになる。しかし、駿府での日日の生活については、史料が限られているため、当初考えたようにはいかない点があった。本書は主に『徳川実紀』と、実紀が頻繁に引用している『当代記』、『駿府記』、『本光国師日記』などによった。こうして家康と駿府の一〇年を再構成してみた。これによって、読者が家康と駿府について、少しでも認識を新たにすることができれば、著者として幸いである。

平成三〇年九月二〇日

目次

1　なぜ駿府なのか

徳川家康は、念願かなってやっと手に入れた征夷大将軍の職（将軍職）をわずか二年で三男の秀忠に譲って大御所となった。

将軍のことを御所といい、将軍を隠退した人を尊称して大御所といった。しかし、家康の隠退は表面的なもので実権は握ったままであった。

それでは慶長一〇年（一六〇五）六四歳というこの時点でなぜ大御所となり、その二年後には江戸城から駿府城に移って、いわゆる大御所政治を展開したのであろうか。

家康は慶長五年（一六〇〇）の関ヶ原の戦いで石田三成方を破って事実上天下の権を握った。しかし、それにはまだ大きな制約があった。それは関ヶ原の戦いが、豊臣政権内部の徳川方と石田方の権力争いであったからである。家康が勝利を得たとはいえ豊臣政権を倒したわけではない。家康の五大老筆頭という立場は今までと変わらず、八歳の豊臣秀頼を後見するという立場も変わらなかったのである。

それは家康の秀頼に対する新年の挨拶を見てもわかる。家康は慶長七・八年と大坂城に登城して新年の挨拶を行っており、諸大名に対しても自分よりもまず秀頼に挨拶するように命じている。

しかし、慶長八年（一六〇三）二月一二日伏見城において征夷大将軍の宣下を受けるとその態度は変わった。源頼朝以来の武家の棟梁となり、さらに従一位右大臣に昇進したからである。このことによって、家康はもう豊臣氏に臣下の礼をとる必要がなくなったのである。秀頼は同年四月二二日正二位内大臣に昇進したが、官位は家康より下で、父秀吉のように関白になったわけでもなかったからである。

こうして名実共に江戸幕府を開き、天下の第一人者となった家康は、その地位を確固たるものにするため、慶長一〇年（一六〇五）四月七日後陽成天皇に要請して将軍職を辞職し、三男秀忠を将軍職に就けたのである。これによって、将軍職が家康一代のものではなく、徳川氏の世襲であることを天下に示したのである。

家康の意図は、家康没後は豊臣氏が再び天下の権を握るという期待を打破することにあった。また、家康は死の直前に外様大名を集めて、将軍秀忠に問題があれば「各《おのおの》かはりて天下の事はからふべし、天下は一人の天下にあらず、天下は天下の天下なれば吾これをうらみず」といったという。すなわち、戦国乱世の時代「天下は廻り持ち」の思想のもと、その出自を問わず力がある者が天下を掌握した。織田信長、豊臣秀吉しかりである。しかし、家康は口先では「天下は一人の天下にあらず」といいながら、これを否定し徳川氏の天下の永続を宣言したのである。

それから二年後の慶長一二年（一六〇七）三月、家康は江戸城から駿府城に移った。これはなぜなのであろうか。一口でいえば、政治の中心がまだ京・大坂の上方にあったからである。京都には朝廷があり、大坂には豊臣秀頼がいる。有力な外様大名の多くも西日本にいた。このため、駿府に腰をすえるまでは、家康は江戸城ではなく主に伏見城にいたのである。

伏見城は秀吉が晩年政務をとった城で、家康は大坂城に秀頼がいたので伏見城で政務をとったのである。関ヶ原の戦いに勝利した家康は、慶長五年（一六〇〇）九月に大坂城に入って以来、駿府城を終《つい》のすみかに定めて伏見城を去る慶長一一年（一六〇六）九月までの約六年間、江戸城に住んだのは約一六カ月に過ぎない。その大部分は京・大坂に行く時もあったが、ほとんど伏見城で政務をとっていたのである。ようするに江戸城は上方から遠く、ここにいたのでは不便であったからである。

しかし、本拠地である江戸城と城下町の整備も進み、情勢も変わってきた。特に将軍職を秀忠に譲ってからは、江戸からあまり離れていない所で、交通の便のよい東海道上に位置し、かつ上方に近い地に腰をすえ、江戸幕府の基礎固めを推進しようと考えたのである。江戸・駿府間は大体四日の距離である。元和二年（一六一六）一月二一日に家康が鷹狩の途中田中城で倒れたことを、落合小平次道次が江戸の将軍秀忠に報告した時は「十二時《とき》」（二四時間）であったという。また、秀忠が家康の病を心配して駿府城に駆け付けた時は一日半であった。

家康にとって駿府は八歳から一九歳までの一一年間と、浜松から移り江戸へ転封《てんぽう》するまでの四年間を過ごした思い出の地である。雪も少なく温暖の地は高齢の家康にとって居心地の良い所であったと思われる。そして、万一西から攻められた場合も、駿府城の西は安倍川、宇津谷峠と日本坂、その先は大井川と防禦にも優れた地であったからである。

家康は慶長一一年（一六〇六）三月二〇日、伏見への途中駿府城に立ち寄り、来年ここを隠居地とするから城の修築を行うと宣言した。

2　なんごう・ひらやまよるはなし　―駿府城の大改築―

家康は本能寺の変後、甲斐・信濃を手に入れ、これまでの三河・遠江・駿河と合わせて五カ国を領有することになったため、居城を領国の中心である駿府に置こうと考えた。築城工事は天正一三年（一五八五）に開始し、翌年一二月に浜松城から移った。しかし、同一八年（一五九〇）豊臣秀吉の命により、北条氏滅亡後の江戸へ転封《てんぽう》となった。その後には秀吉の部将中村一氏が入って一四万五〇〇〇石を領した。慶長五年（一六〇〇）の関ヶ原の戦いの後、家康は一氏の子忠一を伯耆米子へ転封させ、譜代の内藤信成を伊豆韮山一万石から駿府四万石に移した。この間駿府城には大きな変更はなかったと思われる。

そして、駿府城を隠居地に定めると、慶長一一年（一六〇六）四月信成を近江長浜へ転封させて駿府城を空けさせた。しかし、この駿府城では天下人の居城としては不足である。このため、一〇月伏見から江戸に帰る途中、駿府に二一日間滞在して城と周辺を調査した。一時は駿府城の南の河野辺（川辺《かわなべ》）に築城しようとしたが、結局これまでの城を拡張することにした。

この改築工事は天下普請で諸大名を動員して行った。当時江戸城や伏見城でも工事が行われており、相つぐ城の修築で、世間では近年戦《いくさ》が起こるのではないかと噂《うわさ》したという。大名たちは明年の工事のために準備をはじめた。家康の次男松平秀康（越前北ノ庄六七万石）は、家老本多富正を富士山に派遣して材木を伐採させている。

年が明けると諸大名は、家臣と人夫を引き連れて駿府に集まってきた。もっとも、大名自身は来なくてもよいとのことなので、ほとんどは家老が指揮したものと思われる。

駿府城はほぼ方形の本丸を中心に、方形の二の丸、三の丸がこれを取り囲む輪郭式の平城である。工事は慶長一二年（一六〇七）二月一七日に始まった。まず、本丸に取りかかり八月に完成した。二の丸は六月から一〇月まで、これを春普請と秋普請と称した。

春普請に動員された大名は、前記松平秀康の他、家康の四男松平忠吉（尾張清洲五二万石）、黒田長政（筑前福岡五二万三〇〇〇石）、森忠政（美作津山一八万六五〇〇石）、古田重治（伊勢松坂五万五〇〇〇石）、本多康重（三河岡崎五万一五〇〇石）、松平忠頼（遠江浜松五万石）など一七人である。

秋普請には前田利常（加賀金沢一一九万二七〇〇石）、池田輝政（播磨姫路五二万石）、福島正則（安芸広島四九万八二二〇石）、毛利秀就（長門萩三六万九四〇〇石）、浅野幸長《よしなが》（紀伊和歌山三七万六五六〇石）、堀尾吉晴（出雲松江二四万石）、山内忠義（康豊、土佐高知二〇万二六〇〇石）、蜂須賀至鎮《よししげ》（阿波徳島一七万三〇〇〇石）など外様大名のみ二五人であった。

　これらの大名が動員した人夫は、三月の指令では「五百石に三人の制」とあるから、一万石の大名は六〇人である。松平秀康の場合は六七万石であるから四〇二〇人ということになり、全体では大変な人数となる。しばらくの間駿府は喧噪を極めたであろう。

　木材は富士山の他、木曽や吉野から運ばれたが、諸大名からの献木もあった。石垣の石の一部は地元で採取された。駿府城の東を流れる長尾《ながお》川の上流域に「なんごう　ひらやまよるはなし」という言葉が伝わっている。現在の静岡市葵区長尾・平山地区で、夜も明をともして石を運搬した様子がうかがえる。住民にとっては生涯忘れられぬ出来事であったと思われる。また、駿府城の西を流れる安倍川の支流藁科《わらしな》川流域の小瀬戸や富厚里《ふこうり》には、現在も石を割るための楔《くさび》穴の跡が残る石や、刻印のついた石が散在している。

　翌一三年（一六〇八）に動員された鍋島勝茂（肥前佐賀三五万七〇三六石）の家臣島内三助は、普請奉行を務めたが、「石車ノ上ニノリ、音頭ヲ取引セケルカ、車覆テ下ニ敷レ死ス」と記録されている。工事や運搬中の事故で多くの死傷者が出たことが想像される。また、「下々の者共、晩に及べば、一円眼見えずと云々」とあるように、過酷な労働から鳥目になる者も出たようである。

　こうして諸国からやってきた人夫は農民であり、農作業に支障をきたしたことと思われる。その一方で、異郷の地での工事は貴重な経験であっただろう。それは徳島県石井町の曽我氏神社の「神踊《こうおど》り」の歌のように、現在に伝えられているものもある。それには「西は千軒（浅間《せんげん》）滝（建穂《たきょう》）のお寺、廻れば八幡《やはた》の清水……切り石を積みや重ねて、七重上りの天守は、先づは見事な御城かな」とある。慶長一三年（一六〇八）に動員された阿波徳島藩の農民の体験が、このような形で残った例である。

家康は駿府城の改築と共に、新城下町の建設を行った。当時安倍川の主流は賤機《しずはた》山のすぐ西を流れていたようで、市の中心部の中町《なかちょう》にある静岡天満宮が、かつて川中天神とよばれていたのと符号する。家康はこの安倍川の流れを、賤機山の西麓妙見《みょうけん》山下から中野新田にかけて、約四・四キロメートルの堤防を築いて西に大きく変えたのである。このため、安倍川をはさんで生まれた安東《あんどう》と安西《あんざい》の地名のうち、安西は安倍川の東に位置することとなった。この堤防は薩摩土手とよばれ、薩摩藩の御手伝普請によるものといわれている。

家康は二月二九日江戸城を出発して、途中鷹狩りなどを楽しみながら三月一一日に駿府に着いた。以後工事の指揮をとり、七月三日本丸御殿が完成したためこれに入った。二の丸の工事は一〇月に完成したが、三の丸の本格的な工事は翌一三年になった。

ところが、一二月二二日午前二時頃、奥女中が物置に置いた手燭が原因で完成したばかりの本丸が焼けてしまった。本丸の建物のうち焼失をまぬがれたのは、文庫と堀直寄（越後坂戸五万石）が消火にあたった宝蔵だけだったという。火事は深夜のこととて大騒ぎとなり、家康は宿直していた小姓の竹腰正信に抱えられて庭に避難し、次いで二の丸の正信の屋敷に逃れた。その後二四日に二の丸の年寄本多正純邸に移り、本丸御殿完成までこれを仮御殿とした。

　このため、翌一三年は三の丸ばかりでなく本丸の再建工事も行われた。「京より工匠雲霞の如く駿府へ下る」とあり、再建工事は急ピッチで進められた。二月一四日には本丸御殿の上棟式が行われ、三月一一日に完成して家康が入った。「駿府城内屋形も瓦葺、但し御座所は白鑞《はくろう》を以てこれを葺」とあるから、防火の観点から本丸の建物は全て瓦葺にし、特に御座所は銅と亜鉛の合金である白鑞が用いられたという。

　五重七階の天守閣は八月二〇日に上棟式が行われ、将軍秀忠も江戸からかけつけた。この日家康は、島津以久（日向佐土原三万石）に「今度駿府え差下る普請の者共、精を入れ候故、早速出来《しゅったい》、喜悦に候也」との御内書を与えてその労をねぎらった。『徳川実紀』には、以久の名前しか記されていないが、当然他の大名たちにも同様のものが与えられたであろう。

　これらの駿府城改築の御手伝普請は、越後・信濃を除く中部以西の諸大名が動員された。関東・東北の諸大名の名がないのは、江戸城の工事に動員されていたからである。なお、駿府城はこの後も度度火災にみまわれるが、これについては後述する。

3　多彩な側近たち　―大御所政治をささえた人びと―

二元政治

家康が駿府に移って以来、表面上政府が大御所家康のいる駿府と、将軍秀忠のいる江戸の二カ所に存在する形になった。このような形態を二元（的）政治というが、先に述べたように、主体は家康がいる駿府にあった。

将軍秀忠の江戸政府の支配範囲は、関東が中心で、財政面をはじめ、大名・朝廷・寺社政策などの国内の諸問題、外交・貿易などの対外政策は、全て家康の駿府政府が担当した。ただ、家康は、諸問題が解決し幕府の基礎が固まれば、将軍の江戸政府に一元化する予定でいたから、時間と共にその権限の委譲をはかった。

また、『武家諸法度』のような法律は、駿府で起草しながら、将軍秀忠の名で発布しており、将軍である秀忠を引き立てることも十分弁えていた。このため、権力の中心である軍事指揮権も、関東及び甲斐・信濃・越後以東を秀忠に与えている。

これは、慶長一〇年（一六〇五）の秀忠の将軍宣下の上洛の際の動員、同一九年（一六一四）の大坂冬の陣の動員によって知ることができる。しかし、大坂両陣の総指揮をとったのは家康である。このことからも、最終的な権力は家康にあったことがわかる。この家康の駿府政府をささえた側近たちは多彩であった。この側近たちは、次の二つのグループに分けられる。一つは武士からなるもので、いま一つは、僧侶・学者・豪商・外国人などからなるグループである。

武家政権であるから、第二グループは異常に思われるが、そこに家康の出自にこだわらない、能力中心主義が見てとれる。

第一グループの一つは、後の老中に相当する駿府の年寄で、本多上野介正純（四三歳）・安藤帯刀《たてわき》直次（五五歳）・成瀬隼人正《はやとのかみ》正成（四二歳）でいずれも譜代大名である。これに次ぐのが奉行衆で、大久保石見守長安（六三歳）・村越茂助直吉（四六歳）・松平（大河内）右衛門大夫《うえもんたいふ》正綱（三二歳）・秋元但馬守泰朝（二八歳）・板倉内膳正重昌（二〇歳）である。この他に京都所司代板倉伊賀守勝重（六三歳）・長崎奉行長谷川左兵衛藤広（四一歳）・駿府町奉行彦坂九兵衛光正（五一歳）がいる。

第二グループは、僧侶の金地院（以心）崇伝（三九歳）・南光坊天海（七二歳）、朱子学者の林羅山（二五歳）、豪商の茶屋四郎次郎清次（二五歳）・角倉了以（五四歳）・後藤庄三郎光次（三七歳）、そしてイギリス人ウイリアム・アダムス（三浦按針《あんじん》）とオランダ人ヤン・ヨーステン（耶楊子《やようす》）である。

これに対して、将軍秀忠の江戸政府の年寄は、大久保相模守忠隣《ただちか》（五五歳）・酒井雅楽《うたの》頭《かみ》忠世（三六歳）・土井大炊頭《おおいのかみ》利勝（三五歳）・安藤対馬守重信（五一歳）と本多佐渡守正信（七〇歳）である（年齢はいずれも慶長一二年の時点）。利勝を除けばいずれも三河譜代で、中でも大久保と酒井は名門である。

このうち、家康が最も信頼していたのは本多正信である。家康がこの正信を特に将軍秀忠に付けたのは、江戸の秀忠以下が、駿府の指令を忠実に実行するように、指導監視させるためであった。正信・正純父子は、江戸と駿府の年寄として、家康の目指す政権づくりの要となったのである。

本多正信の家は、他の本多家と同様三河譜代であるが、三河一向一揆の時、家康を裏切って一揆に加わったため、三河を出て他国に流浪した。その後帰参がかない、姉川の戦いの時には、名誉挽回と朝倉勢に突入したものの、同僚に助けられるという有様で、武功とは縁がなかった人物である。

しかし、智謀にすぐれ、卓越した行政手腕によって家康の信任を得て、側近の第一人者になった。両者の間は、「乱には軍謀にあづかり、治には国政を司どり、君臣の間相遇こと水魚のごとし」といわれた。また「何事も佐州一人にて、御前の儀は相済み申すと相見え申し候」ともいわれ、その力は絶大であった。

だが、その所領は上野八幡《やわた》（一説に相模甘縄）二万二〇〇〇石に過ぎず、家康が加増しようとしても、これを固辞して受けなかったという。その理由は、「若かりし時だにも、弓箭《きゅうせん》・打物《うちもの》取ってさせる高名もなく、齢《よわい》既に傾きぬ、此の後、存生の内また功名の世に望む所、更にさぶらはず」であった。世はまだ戦場での武功が幅をきかせた時代である。武功派の代表である四天王の榊原康政（上野館林一〇万石）や本多忠勝（伊勢桑名一〇万石）が、武功もないのに、次第に家康の信任を得ていく正信に対して、軽蔑とやっかみから、「味増塩の算勘のみに、腸《はらわた》のくされしもの」とか、「佐渡の腰ぬけ」と言っているのを知っていて、自分の立場を十分に弁えていたからである。このため、失脚することなく、七九年の長い生涯を全うすることができたのである。

なお、正信は従五位下佐渡守に叙任されたので、「佐渡」とか「佐州」と呼ばれ、その著書を『本佐録』という。

駿府の年寄

本多正純は江戸の年寄本多正信の嫡子で、少年の時から家康に近侍し、父に劣らず智略にすぐれていたという。

天正一一年（一五八三）、一九歳の若さで所領宛行状《あてがい》に連署している。慶長六年（一六〇一）従五位下上野介に叙任され、のち父とは別に下野小山《おやま》三万三〇〇〇石を与えられた。

駿府に移ってからは、内政面は無論のこと、貿易・外交面においても第一人者であった。「日本国臣本多上野介藤原正純」「日本国執事上野介藤原正純」などの著名で、諸外国へ多くの外交文書を出している。このため、『和蘭東印度商会史』には、「皇帝（家康）の顧問会議の議長」と記されている。

正純は父正信同様清廉な人物で、諸外国からの贈物を固辞して受け取らなかったという。ただ、慶長一六年（一六一一）オランダからの贈物を一度は辞退したが、ウイリアム・アダムスの説得で受領したことがあった。これを知った人びとは大変驚いたという。

屋敷は二の丸にあり、ここを訪れたドン・ロドリゴは、「王宮（本丸御殿）よりは小なれども、視るべき物は之に劣らず」といっている。

安藤直次は、三河譜代で、祖父家重は安城合戦で戦死、旗奉行であった父基能も三方原の戦いで戦死している。直次は基能の嫡子で、幼少の頃から家康に近侍し、一八歳の時姉川の戦いで軍功をあげている。長久手の戦いでは、豊臣方の部将池田信輝（勝入）に槍をつけ、永井直勝にその首を取らせ、自身は信輝の子元助の首をあげて家康から激賞された。

その後、従五位下帯刀に叙任され、慶長一二年（一六〇七）本多正純・成瀬正成と共に家康に従って駿府に移って年寄となり、加増されて一万三〇三〇石の譜代大名となった。同一五年（一六一〇）、前年駿河・遠江及び東三河で五〇万石を与えられた家康の十男頼宣の付家老《つけがろう》になったが、年寄はそのままで兼務となった。

付家老とは、家康が九男義直（尾張徳川家）・十男頼宣（駿河徳川家・後紀伊徳川家）・十一男頼房（水戸徳川家）を、分家大名として独立させた時、いずれもまだ子供であったため、これを育成補佐し、藩政にあたらせるために、信頼する譜代大名の中から、特別に選んで任命したものである。

家康は直次を頼宣に付けた理由として、武功才能兼備し、申し分のない人物だからであるといっている。

直次は「東照宮にまみえたてまつりてよりこのかた、戦伐あるごとに従ひたてまつらずといふ事なく、その勲功あまたたびなりといへども、直次気性善にほこらず、一生のあひだ、曽《かつ》てをのれが功をかたらず」という、誠実で謙虚な人物であった。

大坂両陣では、頼宣を補佐して戦う一方、家康の幕僚として作戦会議のメンバーでもあった。夏の陣では諸隊に軍令を伝え、戦場を疾駆して諸隊を督励し、崩れかかった藤堂隊の先鋒を立て直すなど、家康の側近の中では第一の勇者でもあった。

屋敷は三の丸にあり、前が二の丸に入る東御門である。このため、東御門は帯刀前御門とも呼ばれた。

なお、直次の弟重信は、将軍秀忠に仕えて一万石の譜代大名になり、江戸の年寄を勤めたから、兄弟で駿府と江戸の両政府をささえたことになる。

成瀬正成の家も三河譜代で、父正一は家康に仕えて代官を勤めた。長男の正成は幼少の頃から家康に仕え、十九歳の時の長久手の戦いで軍功をあげている。

正成はその武者振りがよほどよかったのか、豊臣秀吉が、五万石で召抱えたいと家康に申し入れたという。しかし、正成はこれを断り、家康を感動させたという。

慶長五年（一六〇〇）の関ヶ原の戦いの後、一時堺奉行（境政所《まんどころ》）を勤めたが、ほどなく家康の側近に戻り、下総栗原二万石の譜代大名になった。同一二年（一六〇七）本多正純・安藤直次と共に、家康に従って駿府に移り年寄となり、従五位下隼人正に叙任された。

同年家康の九男義直が、甲斐府中から尾張清洲六一万石余に転封《てんぽう》されると、その付家老になった。年寄は直次同様そのままで兼務となった。義直には、以前から平岩親吉が付けられていたため、同一六年（一六一一）に没するまでは、補佐役の中心は親吉であった。屋敷は三の丸の安藤直次の北隣りであった。

この他、竹腰小伝次正信を駿府の年寄とするものがあるが、家康に従って駿府に移った慶長一二年は、まだ一七歳で『当代記』には「小性」とある。

正信は駿府の年寄・奉行衆と連署した奉書五通が知られているが、いずれも義直に関したもので、その関与は限定的なものである。このため、年寄や奉行とするのは問題である。

この年成瀬正成と同様義直の付家老となり、五〇〇〇石を加増されて一万石となった。同一六年（一六一一）従五位下山城守に叙任された。これは生母お亀の局が、竹腰定右衛門光昌の没後家康の側室となり、九男義直をもうけたためである。正信にとって義直は異父弟にあたる。義直はまだ幼く家康の庇護下にあったため、正信も駿府にとどまり、これまでの小姓も兼務した。

一二月二二日の午前二時頃、本丸で出火した際、家康の側にいたのは正信であった。家康をかき抱いて二の丸の屋敷に避難した。この屋敷は同一〇年（一六〇五）に家康から与えられたもので、元は井伊直政の屋敷であった。駿府城の大改築で屋敷は二の丸所在となったものである。

- 駿府 大御所家康
  - 年寄
    - 本多正純
    - 安藤直次
    - 成瀬正成
  - 奉行
    - 大久保長安
    - 村越直吉
    - 松平（大河内）正綱
    - 板倉重昌
    - 秋元泰朝
  -
    - 板倉勝重（京都所司代）
    - 彦坂九兵衛光正（駿府町奉行）
    - 長谷川左兵衛藤広（長崎奉行）
  -
    - 金地院崇伝
    - 南光坊天海
    - 林羅山
  -
    - 後藤庄三郎光次
    - 茶屋四郎次郎清次
    - 角倉了以（光好）
  -
    - ウイリアム・アダムス（三浦按針）
    - ヤン・ヨーステン（耶揚子）
  - （dashed line）本多正信
- 江戸 将軍秀忠
  - 年寄
    - 本多正信
    - 大久保忠隣
    - 酒井忠世
    - 土井利勝
    - 安藤重信

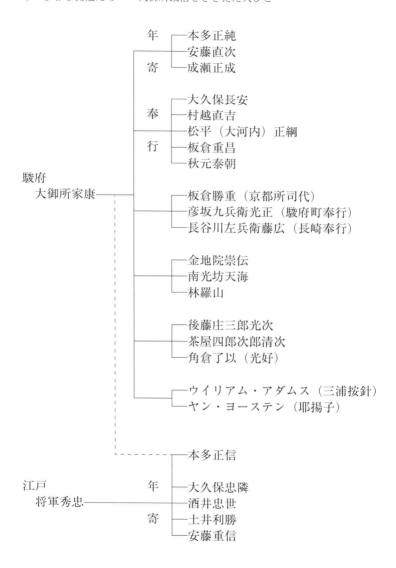

奉行衆

奉行の大久保長安は、武田信玄に仕えた猿楽師の大蔵大夫金春七郎喜然の次男で、通称を藤十郎のち十兵衛といい、土屋姓を名乗ったという。長安は蔵前衆となり、年貢の課徴や金堀りなどを勤めたようである。

武田氏滅亡後家康に仕え、大久保忠隣《ただちか》の庇護を受けて大久保姓に改めた。長安は代官頭として農村支配に手腕を発揮し、その検地は石見検地あるいは大久保縄と呼ばれ、代官頭伊奈備前守忠次の備前検地と共に、幕府の初期検地の代表となった。また、佐渡・石見・伊豆の金銀山を管轄して、ここでもその才能を発揮して驚異的な成果をあげた。慶長八年（一六〇三）従五位下石見守に叙任されたが、石見守という受領名《ずりようめい》は管轄した石見銀山に関係したものと思われる。

この他、伝馬制による東海道・中山道の交通制度の確立にも寄与しており、すぐれた経済・産業官僚であったことが伺える。しかし、後述するように、慶長一八年（一六一三）その死によって生前の不正が露顕《ろけん》して、子息七人共切腹となった。屋敷は三の丸に入る四足門前にあった。

村越直吉は通称を茂助といい、三歳の時に父俊吉が没したため、叔父俊信に養育された。のち家康に仕えて一〇〇〇石を与えられた。慶長五年（一六〇〇）の関ヶ原の戦の時には、尾張清洲に集結していた諸将に家康の命を伝え、岐阜城を攻略させている。また、鶴ヶ岡八幡宮の件で、弁明のために豊臣秀吉のもとに派遣されたり、姫路藩主池田輝政の死と利隆の相続にあたっては、藩政監察などの重要な使番《つかいばん》を勤めている。駿府では年寄や奉行衆と共に奉書に連署もしている。

慶長一八年（一六一三）九月、家康に従って江戸へ行く途中病で倒れ、翌年一月五三歳で没した。

松平（大河内）正綱・秋元泰朝・板倉重昌の三人は、『寛政重修諸家譜』に「近習出頭人」とある。近習出頭人とは江戸幕府の初め、まだ老中・若年寄などの行政組織が未整備のころ、家康や秀忠の側近として、幕政の中枢に参画した者たちのことである。

本多正信・正純父子に代表されるように、側近にあって信任と恩寵を得た人物で、武将としてよりも、行政官僚として卓越した能力を有した者たちである。秀忠の場合は、土井利勝や「近侍の三臣」といわれた井上正就・永井尚政・板倉重宗らがあげられる。

家康が駿府に移った慶長一二年（一六〇七）の時点で、正綱三三歳、泰朝二八歳、重昌二〇歳と若い三人は、「御心やすくめしつかはれしなり」とある。

松平（大河内）正綱は大河内秀綱の次男で、家康の命で長沢松平正次の養子となり、一七歳で家康に仕えて側近となった。慶長八年（一六〇三）従五位下右衛門佐《すけ》に叙任され、のち右衛門大夫《たいふ》と称した。同一五年（一六一〇）一〇月の駿府城の大火の際には、布を結んで何本も石垣に垂らして人びとを避難させ、家康に誉められ加増されて三〇〇〇石となった。

正綱は後の勘定奉行に当たる勘定頭として財政を担当し、「要劇の職にありて　終に一時の淹滞《えんたい》なし」といわれた。元和元年（一六一五）には、秋元泰朝・板倉重昌と共に奉書への連署を命じられた。屋敷は三の丸の東側の堀の前、現鷹匠町の辺りである。

秋元泰朝は、武蔵惣社一万石の長朝の子である。長朝ははじめ上杉及び北条氏に属し、北条氏滅亡後家康に仕えて慶長六年（一六〇一）に譜代大名になった。泰朝は父とは別に家康に仕えて同七年（一六〇二）に五〇〇〇石を与えられた。その後度度加増されて五〇〇〇石になった。また、同八年（一六〇三）には従五位下但馬守に叙任された。

同一二年（一六〇七）家康に従って駿府に移り、一四年（一六〇九）には万石以下の支配を命じられた。これは後の若年寄の職務にあたる。元和元年（一六一五）には、松平正綱・板倉重昌と共に奉書への連署を命じられた。なお、夫人は正綱の妹である。屋敷は正綱と同じ三の丸の東側の堀の前にあった。

板倉重昌は、家康の側近で京都所司代の勝重の次男である。天正一六年（一五八八）駿府で生まれ、一六歳で家康に近侍し、慶長一〇年（一六〇五）従五位下内膳正《ないぜんのかみ》に叙任された。はじめ一〇〇〇石であったが後加増されて二二二〇石になった。

同一二年（一六〇七）家康に従って駿府に移った時は、二〇歳で側近の中では最も若かった。主に城中のことを管掌したが、大久保長安事件や方広寺の鐘銘事件では京都に派遣されたり、同一九年（一六一四）の大坂冬の陣では、豊臣秀頼の元に派遣され、講和の誓紙受領の使節をつとめた。翌元和元年（一六一五）には、松平正綱・秋元泰朝と共に奉書への連署を命じられた。屋敷は正綱・泰朝と同じ三の丸の東側の堀の前にあった。

なお、兄重宗は将軍秀忠に仕えて、井上正就・永井尚政と共に「近侍の三臣」といわれ、父勝重に次いで京都所司代となった。

板倉勝重は側近とはいえ、京都所司代の重職にあったため京都に常駐したが、しばしば駿府に呼ばれている。

板倉家も三河譜代で、勝重は好重の次男ではじめ仏門に入ったが、家康の命で還俗し、天正一四年（一五八六）駿府町奉行に任命された。この時勝重は、妻に古今奉行の不正は婦人に起因することが多い。よって贈物は一切受けとらず、口出しもしないことを約束させた上で、これを受けたという。

天正一八年（一五九〇）に江戸町奉行、慶長六年（一六〇一）には京都所司代になったが、公正無私な態度は変わらず、「要劇の職なれど　事一つとして淹滞なく　物一つとして廃欠なく　天下皆其の能を称せずといふ者なし」といわれた。
同八年（一六〇三）従五位下伊賀守に叙任され、同一四年（一六〇九）加増されて一万六六一〇石の譜代大名になった。重勝父子三人は、家康・秀忠の側近として、幕府の基礎固めに貢献したのである。

長谷川藤広は通称を左兵衛といい、父藤直は伊勢の北畠中納言具教に仕えたという。藤広の妹お夏の局（お奈津の方）は、慶長年中に奥勤をし、やがて側室となった。この縁からか藤広は慶長八年（一六〇三）に家康に仕え、同一一年（一六〇六）長崎奉行に任命され、同一九年（一六一四）には堺奉行を兼任した。

このため、外交・貿易にも関与し、『徳川実紀』には「異域の事は左兵衛藤広……沙汰する常の事なり」とある。

彦坂光正は通称を九兵衛《くへい》といい、家康の部将本多広孝に仕えた成光《なりみつ》の嫡子である。家康に仕えて、父成光の従兄弟で伊奈忠次・大久保長安と共に代官頭を勤めた小刑部元正（元成）の関係で代官となり、各地の検地に関係した。

慶長一四年（一六〇九）二月駿府町奉行兼代官井出正次が没した後、その後任となり駿河・遠江・三河代官も兼務した。また、東海道の伝馬制や岡本大八・大久保長安事件などにも関与し、その職掌は駿府の町奉行の範囲を超えていた。同一七年（一六一二）二一六〇石を与えられた。屋敷は駿府代官所に隣接した現紺屋町にあった。

僧侶と学者

僧侶の中では金地院《こんちいん》（以心《いしん》）崇伝《すうでん》が最も重きをなした。崇伝は室町幕府の一三代将軍足利義輝に仕えた一色秀勝の子である。幕府滅亡後、京都の臨済宗南禅寺に入り、三七歳にして五山の上位である南禅寺の住職となり、金地院に住んだ。

家康に仕えていた相国寺の西笑《せいしょう》承兌《じょうたい》の縁で、慶長一三年（一六〇八）から家康に仕えるようになり、承兌同様、異国渡海朱印状などの外交文書の作成にあたった。同一五年（一六一〇）駿府に金地院を建ててもらい、一七年（一六一二）には京都所司代板倉勝重と共に寺社行政を命じられ、宗教政策にも参与することになった。また、林羅山と共に、書籍の収集や出版事業にも携わった。

大坂冬の陣に際しては、本多正純と共に、その原因となった方広寺の鐘銘問題などの中心になった。また、『伴天連追放之文』『寺院諸法度』『禁中並公家諸法度』『武家諸法度』

などの幕府の基本法を起草するなど、側近の中でも本多正純に次いで幅広く活躍した。崇伝が関与しなかったのは、軍事関係だけであった。このため黒衣の宰相といわれた。

なお、崇伝が記した外交関係の日記は『異国日記』、その他を記した日記を『本光国師日記』という。本光国師とは、寛永三年（一六二六）に後水尾天皇から授けられた円照本光国師の称号による。

南光坊天海は、その出自について諸説あるが、会津の芦名氏の一族ではないかといわれている。出家して比叡山で修業し、武蔵仙波（川越市）の喜多院の住職になった。のち再び比叡山に登って南光坊に住したが、慶長一五年（一六一〇）家康に仕え、喜多院に復職して寺領三〇〇石を与えられた。駿府では安倍川小路に屋敷を与えられている。

家康は宗教に興味をもっており、しばしば天台宗をはじめ各宗派の論議を行わせた。それを主導したのが天海で、多方面に活動した崇伝とちがって、天海の活動はほぼ宗教面に限られた。

この他、御伽衆《おとぎしゅう》の様な話相手を務め、家康外出時の方位や日時なども占った。ある時、家康が明日鷹狩りに行くが、出発時間は何時がよいかと聞いた。天海が巳刻（午前一〇時頃）がよいと答えると、お前はいつも巳刻というがなぜかと詰問した。これに対して、鷹狩りは出陣とちがって遊興である。朝早ければお供の者が迷惑するが、巳刻ならば時間的に問題ないからですと答えて、家康を感心させたという。

また、勘気をこうむった者たちの赦免や減刑を願うとりなし役も務め、全てに厳しく憎まれ役の崇伝とは対照的であった。年齢は諸説あるが、寛永二〇年（一六四三）没一〇八歳説をとれば、家康に仕えた慶長一五年（一六一〇）は七五歳ということになる。

林羅山は京都の出身で名を信勝といい、剃髪して道春と称した。羅山は号である。子供の頃から聡明群を抜くといわれ、八歳の時『太平記』を読むのを傍らで聞いて、これを暗誦して人びとを驚かせたという。のち建仁寺に入り、出家はせず主に儒学の勉強に励んだ。

慶長一〇年（一六〇五）二三歳の時、二条城で初めて家康に拝謁した。この時、家康は側にいた儒学者清原秀賢・相国寺の西笑承兌・円光寺の閑室元佶《かんしつげんきつ》に、「光武（後漢の光武帝）の高祖（前漢の劉邦）に於ける世系は如何」と質問した。三人共答えることができなかったが、羅山が答えたので、家康は若いのによく答えることができたといって、その博学を称えたという。

翌一一年（一六〇六）家康から「明年出仕せよ」との命を受け、駿府に下った。羅山が学んだ儒学の一つ朱子学は、後に幕府の官学になるが、この時家康が羅山に求めたのは、朱子学者としてではなく、その博識の利用であった。このため、室町幕府以来武家が利用する学者は僧侶であったため、外面を僧侶にするため、剃髪させて道春を名乗らせたのである。羅山は学問を仏教から独立させることを念願としていたから、これは屈辱であったが、立身出世のために妥協したのである。

駿府での羅山は、西草深の辺に屋敷を与えられ、その博識ぶりを発揮して、家康が興味をもった医学・薬学など、多方面の諮問に答えた。また、崇伝と共に書籍の収集や出版にも尽力した。この駿河文庫と駿河版については後述する。

同一三年（一六〇八）三〇〇俵を与えられ、一六年（一六一一）には采地三一〇石となり、慶安四年（一六五一）にやっと九一〇石余となった。家康・秀忠・家光・家綱と四代に仕えて働いたわりには少なかった。これによって、当時の学者の地位というものが知られよう。

この他、一時期側近だった僧侶に、相国寺の西笑承兌と円光寺の閑室（三要）元佶がいる。承兌は豊臣秀吉に仕えて外交文書を取り扱い、その後没する慶長一二年（一六〇七）まで家康に仕えた。承兌の後任が元佶で、家康が伏見に創建した臨済宗の円光寺の開山となり、外交文書を担当した。元は足利学校（足利市）の庠主《しょうしゅ》（校長）であった。また、京都所司代板倉勝重と共に寺社の訴訟を掌り、伏見版とよばれた出版事業も担当した。慶長一七年（一六一二）病没したがその後任が崇伝である。

また、神道家・僧侶でもあった京都神竜院の梵舜《ぼんしゅん》も神道をもって家康に仕えた。梵舜は吉田（唯一）神道の宗家吉田家の出身で、家康の葬儀は吉田神道により梵舜が主催した。

豪商と外国人

京都の豪商茶屋四郎次郎の初代を清延といい、本来は呉服商であった。家康の岡崎時代から、物資の調達や上洛の際の宿所の提供、情報収集にもあたり、慶長元年（一五九六）に没した。

二代目は長男清忠が継いだが早世したため、次男清次が三代目となった。このため、清次ははじめ通称を又四郎といった。同一二年（一六〇七）長崎奉行・長谷川藤広の補佐を命じられ、外国貿易や長崎の監察にあたった。また、家康のために生糸や鉛などの輸入に努め、大坂の陣にあたっては軍需物資の調達にあたった。

その一方で、朱印船貿易にも従事し、交趾《コーチ》（ヴェトナム南部）など東南アジアに朱印船を派遣した。ちなみに鯛の天ぷらを家康にすすめたのがこの清次である。

京都の豪商角倉了以《すみのくらりょうい》の家は、土倉《どそう》（高利貸）、酒屋を営み、角倉の倉はこの土倉からきている。了以は号で名を光好といい、慶長八年（一六〇三）家康の命により安南国《アンナン》（ヴェトナム）と朱印船貿易をはじめた。

また、了以は河川土木の技術にすぐれ、岩石を破砕したり取り除いたりして、舟運を可能にした。同一一年（一六〇六）に保津《ほず》川（大堰《おおい》川）を開削し、翌一二年（一六〇七）には富士川を開削して、岩渕（富士市）から鰍沢《かじかざわ》（山梨県富士川町）に至る舟運を開いた。つづいて家康から、遠江掛塚（磐田市）と信濃諏訪を結ぶ天竜川の開削を命じられ、翌一三年（一六〇八）に着手したが、天竜川は水勢が強く失敗に終わった。

しかし、京都二条から伏見に至り、淀川を経て大坂に至る運河高瀬川を開いて、世の称賛をあびた。同一九年（一六一四）六一歳で没し長男素庵があとを継いだ。

後藤光次は通称を庄三郎といい、豊臣秀吉に仕えて天正大判を鋳造した彫金家後藤徳乗の弟子で、のちその養子となった。

文禄二年（一五九三）家康の要請により江戸に下り、武蔵小判を鋳造し、これが縁で家康に仕えることになった。慶長五年（一六〇〇）より金座において慶長小判を、同一〇年（一六〇五）より一分金の鋳造を行った。『徳川実紀』には、「貨財の事は庄三郎光次……沙汰する常の事なり」とある。

また、外交・貿易にも関与し、スペイン使節ビスカイノは、「財務会議の議長」といい、『和蘭東印度商会史』には、造幣・財貨を掌《つかさど》り、顧問官を兼ねたとある。屋敷は現金座町の日本銀行静岡支店の地にあった。

この他に、外交及び貿易の顧問的な存在として、イギリス人ウイリアム・アダムスとオランダ人ヤン・ヨーステンがいた。両人はオランダの貿易会社が、東洋貿易のために派遣した五隻の中の一隻、リーフデ号の航海士と商務員であった。船団は慶長三年（一五九八）ロッテルダム港を出航して大西洋を南下し、マゼラン海峡を通って太平洋に出て横断をはかった。しかし、この間に四隻が遭難したり本国に引き返したり、対立していたスペイン（イスパニア）やポルトガル船に拿捕された。残ったリーフデ号は、同五年（一六〇〇）三月豊後の海岸（大分県臼杵市）に漂着した。生存者は一一〇人中船長のヤコブ・ヤンスゾーン、クワッケルナク以下二四人であった。

この年の九月、関ヶ原の戦いで天下を掌握した家康は、貿易を考えて乗組員らに外交顧問として残ることを要請した。これに応じたのがアダムスとヨーステンであった。船長は乗組員と共に、肥前平戸藩主松浦鎮信《しげのぶ》の朱印船でマレー半島の大泥《パタニ》（タイ南部）に渡り、便船を得てオランダに帰還した。

アダムスは相模三浦郡逸見《へみ》において二五〇石を与えられた。外交顧問として活躍する一方で、自らも朱印船で東南アジアと貿易を行った。また、伊豆の伊東で一二〇トンと八〇トンの二隻の西洋式帆船を建造した。一二〇トンの帆船は、のち太平洋を横断することになる。なお、家康が天体学と数学に興味をもったため、これを教えている。

アダムスは日本名を三浦按針《あんじん》というが、これは領地の地名と、航海士＝水先案内人を按針ということからきている。江戸の屋敷の辺りは、後に按針町といわれ、現在の日本橋室町一丁目にあたる。

ヨーステンは五十人扶持を与えられた。朱印船で東南アジアと貿易を行っていたが、元和九年（一六二三）南シナ海で消息を絶ったという。日本名を耶揚子《やようす》（弥揚子）といい、江戸の屋敷は日比谷の入江の一角であったという。このため、のちにここは八代洲河岸とよばれ、現在の八重洲となった。場所は現在の馬場先門前になるが、地名は大分離れて東京駅八重洲口として残っている。なお、両人の駿府での居所は記録がなく不明である。

以上の駿府の側近たちは、かならずしも駿府に常在したわけではない。駿府・江戸・任地を往来し、当然のことながら任地滞在の方が主であった者もいた。家康はこれらの多彩な経歴の者たちを巧妙に使いこなし、江戸幕府の基礎を固めていったのである。

『徳川実紀』には、「おほよそ人をめしつかはるゝに、よくその人の性質才能をしろしめし分られ、それ〴〵に御擢任ありし」とある。ある時、「家人を遣ふに、人の心をつかふと、能をつかふと二つの心得あり。資情篤実にして主を大切におもひ、同僚と交りてもいさゝか我意なく、すべてまめになだらかにて、そがうへにも智能あらば、是は第一等の良臣なり……又心術はさまでたしかならぬ者も、何事ぞ一かどすぐれて用立べき所あるものは、これも又捨ずして登用すべきなり。この二品を見わけて、棄才なからしめん事肝要なり」といったという。

また、「人の善悪を察するに、ややもすれば己が好みにひかれ、わがよしと思ふ方をよしと見るものなり。人には其長所のあれば、己が心を捨て、たゞ人の長所をとれと」いったともある。

いかにすぐれていようとも、個人の能力には限界がある。大を成すためには、多くの才能ある人物を集め、その協力が不可欠である。家康の人使いのうまさは、豊臣秀吉に優るとも劣らない。両人が天下をとり、織田信長が明智光秀の裏切りにあって挫折した一因は、このあたりにあったと思われる。

4　駿府の日日

側室と子供たち

家康のまわりには、前述の側近たちの他に家族がいた。家康は正室の旭姫（豊臣秀吉の異父妹）が没した後は正室を置かなかったため、側室や幼い子供たちである。

一五人いた側室のうち記録に見えるのは、阿茶の局（五三歳）・茶阿の局（不明）・お亀の局（三五歳）・お勝の局（お梶の方、三〇歳）・お万の局（蔭山の方、二八歳）・お夏の局（お奈津の方、二七歳）・お六の方（一一歳）の七人である（年齢はいずれも慶長一二年の時点）。

このうち阿茶の局は、元神尾《かんお》忠重の妻で夫の死後家康に仕えた。この縁で子の神尾守世は三〇一〇石の旗本に取り立てられた。局は戦場にも供奉し、長久手の戦いでは無理がたったのか流産して、以後子供をもうけることができなかった。しかし、家康の信任は厚く、大坂冬の陣では本多正純と共に、講和交渉にあたるなど政治にも関与した。将軍秀忠の五女和子《かずこ》《まさこ》が後水尾《ごみずのお》天皇の女御として入内する時には、生母お江与の方（小督《おごう》）の代理である御母堂代を務めた。また、家康の怒りに触れた大名や幕臣のとりなし役なども務めた。

茶阿の局は元金谷（島田市）の鋳物師の妻で、夫の死後家康に仕えた。家康との間に六男忠輝（越後高田六〇万石）と七男松千代をもうけた。

お亀の局は前述の竹腰正信の生母で、家康との間に八男仙千代と九男義直をもうけた。

お勝の局は太田道灌（資長）の曽孫康資の娘で、駿府に移る直前の慶長一二年（一六〇七）正月、家康の最後の子である五女市姫を生んだ。家康に愛され、『徳川幕府家譜』には「他ニ勝レ御愛妾也」とある。関ヶ原の戦いでは馬に乗って従い、勝利の後、家康の命で名をお梶からお勝に改めた。市姫は仙台藩主伊達政宗の嫡子忠宗との結婚が決まったが、同一五年（一六一〇）閏二月四歳で没した。家康は局があまり嘆くので、お万の局が生んだ十一男頼房を局の養子とした。また、翌三月には後陽成天皇の譲位が予定されていたが、家康は市姫の死を理由に、譲位を翌年に延期して天皇を怒らせた。家康は朝廷に対して、しばしば強引な姿勢を見せるが、これは行き過ぎである。

ある夜のことという。家康が本多・大久保・平岩などを召して物語するうちに、うまいものとまずいものは何かという話になった。家康は側で茶を入れていた局に意見を求めた。局は「うまきものは塩にこしたるはあらじ」「まづきものも塩に過たるは候まじ」と答えた。その理由として、「塩なくば味とどのひ難し」「塩味過れば食ふに堪ず」と答えたという。これを聞いた本多らは局の聡明に感じ、「これ男子ならば一方の大将奉りて、大軍をも駆使すべきに、おしきことかな」といったという。

お万の局（蔭山の方）は、天正一八年（一五九〇）一一歳で江戸城の奥勤めをはじめ、のち十男頼宣・十一男頼房の生母となった。

お夏の局（お奈津の方）は、前述の長崎奉行長谷川左兵衛藤広の妹である。この関係から局も朱印状を得て貿易を行っている。子供はなかった。

お六の方は、慶長年中にお勝の局の部屋子となり、のち最後の側室となった。お六の方は家康が没した元和二年（一六一六）に二〇歳であるから、最も若い側室であった。大坂冬の陣にもお供しているが子供はなかった。寛永二年（一六二五）日光東照宮の神前で頓死した。それは自ら容色を誇り長髪のままでいたため、神罰が下ったといわれた。

この側室たちは、家康の世話をするかたがた、鷹狩りや江戸や上洛の時などにもお供することがあった。また、熱海温泉へ湯治に行くこともあった。なお、大名らが家康に拝謁する時には金銀や刀剣などを献上するが、贈物は側近や側室たちにおよぶ場合もあった。慶長一九年（一六一四）金沢藩主前田利常が拝謁した時には、阿茶の局・お勝の局・お万の局・お亀の局に金一〇枚、お夏の局に金五枚が贈られている。また、対外政策のところで述べるが、駿府糸割符の利益金の分配にも預かり、裕福であったと思われる。

家康の子供は一一男五女の一六人である。男子は慶長一二年（一六〇七）二月の時点で四人が没しており、四男忠吉（尾張清洲五二万石）もこの三月五日に二八歳で没した。家康はその訃報を駿府に移る途中の三島で知った。

次男秀康（越前北庄六七万石）も続いて閏四月八日に三四歳で没した。家康は武勇にすぐれた次男でありながら、種々の事情から跡継ぎにしなかった秀康の死を大変悲しんだという。残ったのは将軍職を継いだ三男秀忠と六男忠輝（信濃松代一八万石）、そして九男義直（八歳）・十男頼宣（六歳）・十一男頼房（五歳）の五人である。

義直・頼宣・頼房も、それぞれ甲斐甲府二四万石・常陸水戸二五万石・常陸下妻五万石を領していたが、幼少のため領地の支配は付家老《つけがろう》が行い、本人は家康のもとにいた。

女子は長女亀姫・次女督姫・三女振姫は結婚しており、四女松姫は夭逝している。残ったのは生まれたばかりの五女市姫だけで、このため三人の兄と共に家康について駿府に移った。

市姫は生母お勝の局と本丸御殿に住んだが、前述のように四歳で夭逝した。年齢は全て数え年なので満では三歳である。はかない命であった。墓は葵区の華陽院に残っている。

義直と頼宣は二の丸に屋敷を与えられたが、頼房は五歳なので生母お万の局と本丸御殿に住んだと思われる。

この後、義直は閏四月に兄忠吉のあとの尾張清洲六一万石余に、頼宣は慶長一四年（一六〇九）に駿河・遠江・東三河五〇万石に、頼房は頼宣のあとの水戸二五万石に領地を移されたが、これまで同様赴任はせず駿府城に住んだ。

家康は義直と頼宣を同等に扱い、武具着初めの時も自らこれを行っている。一一人いた男子の中で、自ら鎧を着せたのはこの二人だけだったという。また、二人は官位も全く同じで、慶長一六年（一六一一）に従三位参議兼左近衛権中将に昇進させた。

家康は能（猿楽）が好きでよく催したが、子供の中では頼宣が上手だったようである。『徳川実紀』には、慶長一三年（一六〇八）七月以降頻繁に出てくる。頼房は同一五年（一六一〇）八月に、薩摩藩主島津家久が、琉球の中山王尚寧と駿府城を訪れた時に、頼宣と共に舞ったのが初出で、たまにしか出てこない。義直は舞は苦手だったようで、時時小鼓を打ったことが見える。

『駿府記』には、「御祝の時三人の公達御少年の故、御座に出でしめ給う事、御無用の由と云々」とあるが、実際には公式の席にしばしば顔を出している。同一六年（一六一一）の上洛の際にも義直と頼宣は供奉し、家康が好んだ鷹狩りにも時時同行している。

大坂冬の陣の時は、義直と頼宣は駿府城から出陣し、頼房は駿府城の留守として残された。冬の陣のあと義直は居城の名古屋城にとどまり、ここで故和歌山藩主浅野幸長《よしなが》の娘と婚礼をあげている。時に義直一六歳、一人前となり独立したわけである。夏の陣では頼宣は駿府城から出陣、頼房は留守、義直は名古屋城から出陣している。

家康は男子の中では頼宣が一番気に入ったらしい。夏の陣の五月七日の激戦が終わった後、家康のもとにやってきた頼宣が、「先陣を給はらざりし故に、今日の戦ひに合はず、返す返すも口惜しく候」と涙を浮かべながら訴えた。これを聞いていた家康の側近松平（大河内）正綱が、「殿はいまだ御年も若くわたり給へば、かかる事には、幾度もあはせ給ひなん」と慰めたところ、頼宣はきっとなって、「やあ正綱、頼宣が十四歳に逢う事、再びや有るべき」と叫んだ。これを聞いた家康は満足そうに頷き、「今日頼宣が如何なる軍したらんより、只今の一言こそ高名なれ」といって誉めたという。

将軍秀忠は家康が駿府に移って以後、慶長一三年（一六〇七）・一五年（一六〇九）・一七年（一六一二）と駿府を訪れて家康を喜ばせている。六男忠輝もしばしば顔を見せているが、夏の陣で遅れをとったことと、大坂へ向かう途中で、旗本二騎を無礼討ちにしたことを怒られ、生母茶阿の局のとりなしも空しく、以後面会を拒絶され、とうとう家康の死目にも会えなかった。

家康は武将としてあるまじき行為と、旗本を殺害して報告もしない態度は、たとえ将軍の弟であろうとも将軍の家来である。自分がいるのにこの有様では、自分の死後には将軍秀忠に対して、どの様な態度をとるか思いやられるとして、この様な態度をとったのである。家康は幕府の基礎固めにあたって、不都合なことがあれば、実の子供であろうとも容赦しなかったのである。

嫁いだ娘たちも駿府を訪れることがあった。次女督姫は慶長一四年（一六〇九）二月、夫池田輝政（姫路五二万石）と二人の息子と共に駿府を訪れた。家康は督姫に金二百枚・銀千枚・綿千把を与えている。その後、同一八年（一六一三）五月に、家康によばれて姫路からやってきて約一カ月滞在している。督姫は一九歳で小田原の北条氏直に嫁したが、天正一八年（一五九〇）北条氏の滅亡によって家康のもとに戻った。ところが、豊臣秀吉の命で、文禄三年（一五九四）当時三河吉田城主であった池田輝政の後室となった。慶長五年（一六〇〇）の関ヶ原の戦功で輝政が姫路に転封になると、督姫も姫路に移り播磨御前とよばれた。子供は氏直との間に女子が一人（早世）、輝政との間には次男忠継をはじめ男子五人をもうけた。

家康はこの正月、輝政が没したため落飾して良正院と称していた督姫を、慰めるために呼んだのである。督姫は翌一九年（一六一四）三月、三度駿府を訪れて約二カ月半滞在している。この時は、忠継について家康に願うためであった。忠継は家康にとって孫である。そのためか、慶長八年（一六〇三）わずか五歳で岡山二八万石を与えられた。しかし、まだ幼少であったため、異母兄の利隆が後見して藩政を見ることになった。同一九年は忠継一六歳である。同一三年（一六〇八）には元服もしており、生母としては後見を解いて名実共に藩主にしてやりたいと願い出たのである。督姫はこの年の大坂冬の陣での忠継の活躍を見て、翌年二月五一年の生涯を閉じた。

三女の振姫は、慶長一四年（一六〇九）五月に来駿して一カ月滞在した。振姫は一七歳で会津城主蒲生秀行の夫人となり二男一女をもうけた。会津に帰る時、家康から金二百枚・銀千枚・綿千把をもらっている。その後振姫は、同一七年（一六一二）に秀行が没したため、一〇歳で家督した我が子忠郷を後見していたが、家康の命で元和二年（一六一六）一月、六歳年下の和歌山藩主浅野長晟《ながあきら》の夫人になった。しかし、翌三年（一六一七）光晟《みつあきら》を生んだ産後の肥立が悪かったためか、まもなく三八年の生涯を閉じた。

家康はこれら五人の娘の他に、外様大名との政略結婚のために、親族や譜代大名の娘一〇人を養女とした。その一人は、伊勢桑名藩主本多忠政の娘国姫で、生母は家康の長男岡崎信康の次女である。国姫は初め越後高田藩主堀忠俊（四五万石）の夫人となった。しかし、家康は慶長一五年（一六一〇）閏二月、問題のあった忠俊を改易して国姫を駿府に引き取った。この時、国姫は一三歳であった。そして、何を思ったのか同年一一月、キリシタン大名として知られている、肥前日野江藩主有馬晴信の嫡子直純に再嫁させたのである。晴信はわずか四万石の外様大名である。また、直純には妻子があったというが、家康の命令である否応はない。夫人を離縁して国姫を迎えた。国姫の実父である忠政は、「遠国へ女《むすめ》を差越さるる事迷惑」と思ったが、表立っていえるものではない。国姫は駿府滞在八カ月にして、一一〇〇石の化粧料をもらって直純に伴なわれて日野江へ旅立った。その後、国姫は二男三女をもうけ、慶安二年（一六四九）、五一年の生涯を閉じた。

駿府を訪れた人びと

最高権力者であったため駿府の家康を訪れる人は多かった。大名や幕臣・公家をはじめ、僧侶や神官などの宗教家、能（猿楽）や幸若舞などの芸能人、外国の使節や商人などである。

家康は大名であろうとすぐ拝謁を許すわけではなかった。木下延俊（豊後日出《ひじ》三万石）は慶長一八年（一六一三）二月九日の昼前、江戸から帰国の途中駿府に到着した。延俊は外様大名で、豊臣秀吉の北政所おねの兄木下家定の三男である。その日記『日次記《ひなみき》』によると、到着四日目の一二日の午後やっと拝謁がかなった。一〇日はどんな用事があったか不明だが、一一日は駿府近郊で鷹狩りをしている。家康にとっては、一大名からの挨拶よりも趣味の鷹狩りの方が優先事項であったのである。

しかし、外様大名の中でも特別扱いされた人物がいる。のちに伊勢津三二万石余を領する藤堂高虎である。高虎は豊臣秀吉に仕えるまでに六人の主人に仕え、秀吉の晩年からは家康に接近してその信任を得ることに努めた。このため、世渡りの上手い大名として知られている。その一方で、自分の家臣が去る時も快く許し、「行先き思はしからずば、復我方へ来れ」といって、戻ってくればこれを元のように受け入れたという。しかし、大坂夏の陣で奮戦した渡辺勘兵衛了《さとる》が、高虎のまずい指揮に愛想をつかして、二万石を捨てて藤堂家を去ると、「奉公構え」を科して他家に仕官できないようにしているから、文字通り信じることはできない。

高虎の家康に対する忠誠は徹底している。慶長四年（一五九九）に大名から人質を取ることを進言し、自身は弟正高を江戸に送っている。次いで同一一年（一六〇六）には、妻子を江戸に居住させている。また、家康の没前には、「来世までもなかく仕へたてまつる」と言上し、宗旨を天台宗に改めると約束して家康を喜ばせている。しかし、高虎は口先ばかりではなく、築城術にもたけていたため、家康の命で近江膳所《ぜぜ》・江戸・丹波篠山城などの縄張りもしており、この方面でも役に立つ人物であった。

駿府では屋敷を大手門前、現静岡中央警察署の辺りに与えられ、長期間滞在して話相手を務めた。家康も子の義直・頼宣・頼房なども高虎の屋敷を訪れている。その一方で、同一六年（一六一一）には、熊本藩主加藤清正が没して家督した忠広が一〇歳だったため、熊本に下向して翌年にかけて藩政を取り仕切っている。家康は孫娘（秀忠の五女）の和子を入内させようとしたが、その命を受けて朝廷との交渉にあたったのも高虎であった。

また、大坂冬の陣では、外様大名ではただ一人軍議に参加しており、その信任の程がうかがえる。このため、没前には「我なからん後、国家に於て一大事あらんには、一番の先《さき》手《て》藤堂和泉守（高虎）、二番は井伊掃部頭（直孝）」といっており、家康は高虎を「御家人と同じ様に」、即ち譜代大名同様に思っていたことがわかる。このため、秀吉のもとでは伊予宇和島八万石にすぎなかったが、家康に取り立てられて、大坂夏の陣後には伊勢津二七万石余となった。その領国伊勢・伊賀は、東海道と畿内の境であり、他の外様大名とは待遇が違ったのである。

公家では前大納言日野輝資が第一人者で、しばしば駿府を訪れて話相手を務めている。輝資は慶長一二年（一六〇七）に出家して唯心と号し、気楽な立場から家康に近侍した。輝資は家業である和歌の他、茶道や有識故実にも精通しており、同一八年（一六一三）には近江日野において一〇三〇石を与えられた。

この他、話相手としてしばしば駿府を訪れているのは山名豊国と織田長益（有楽《うらく》）である。豊国は室町時代に、六分一殿といわれた有力守護大名山名氏の一族で、自身も因幡国の守護大名であった。天正六年（一五七八）織田信長の命を受けた羽柴秀吉に、鳥取城を攻められて降伏した。豊国は出家して禅高と称し、和歌・連歌・茶道・将棋などをよくしたので、のち秀吉に仕えた。秀吉の死後は家康に仕え、但馬の内で六七〇〇石を与えられ、子孫は旗本になった。

長益は織田信長の弟で、本能寺の変の後出家して有楽と号し秀吉に属した。秀吉の死後家康に仕え、関ヶ原の戦功で三万石を与えられた。長益は茶人として知られ、その茶風を有楽流という。東京の有楽町《ゆうらく》は長益の屋敷があった所で、本来は「うらくちょう」である。

家康はこうした者たちとは気楽に話ができたのであろう。『徳川実紀』には、今川氏の人質時代の話をしたことや、出家して宗誾《そうぎん》と称していた今川氏真《うじざね》が訪れた時は、昔の物語などをしたという。家康は今川氏滅亡の片棒をかついだいわば敵である。氏真の辞世といわれるものに、「なかなかに　世をも人をも恨むまじ　時にあはぬを身の科にして」がある。戦国大名として失格だったということは、氏真自身が十分に承知していたことであろう。そのため、自分の人生を達観できたのであろうか。父義元を討った織田信長の前で蹴《け》鞠《まり》を披露し、家宝の千鳥香炉を献上して物笑いの種になったというのも、家康との昔話もこのためであろうか。なお、家康は氏真に五〇〇石と品川に屋敷を与えた。このため、今川氏は幕府の高家《こうけ》として家名を存続させることができた。

家康は文学にはあまり興味を示さなかったが、冷泉《れいぜい》中納言為満が訪れた時には『古今和歌集』を、飛鳥井中納言雅庸《まさつね》には『源氏物語』を進講させている。いつ手に入れたのであろうか、弘法大師（空海）・小野道風《みちかぜ》・藤原佐理《さり》・藤原行成《ゆきなり》・尊円親王の真跡や、藤原定家筆の『新勅撰和歌集』を披露したりした。

また、茶会では自ら花を生けてもてなしたり、夏には富士山麓の氷室《ひむろ》に貯蔵したものと思われる、氷をふるまうこともあった。

家康の趣味

家康の趣味は広く多岐にわたるが、総じて実用的なものを好んだといえよう。学問は後述するように、為政者としても必要なので好んだが、和歌や連歌など文学は、あまり興味がなかったようである。

囲碁や将棋も、本因坊算砂や大橋宗桂を召して見ることはあっても、秀忠のように、自身も打って興じることは少なかったようだ。

当時の大名が好んだ茶の湯や能（猿楽）は好きだったようだ。側近や御機嫌伺に来た大名、茶人の織田有楽《うらく》（長益）や古田重然《しげより》（織部《おりべ》）などとしばしば茶会を開いている。茶会には楢柴肩衝《ならしばかたつき》・朱衣肩衝《あけのころも》・投頭巾などの茶入れ、虚堂《きょどう》の墨蹟の掛物、古銅の花入れなど秘蔵の名品を飾っている。

かつて家康は、豊臣秀吉が諸大名を集めて宝自慢をした時、「三河の片田舎に生立ぬれば、何もめづらかなる書画調度を蓄へしことも候はず。さりながら某がためには、水火の中に入ても、命をおしまざるもの五百騎ばかりも侍らん。これをこそ家康が身に於て第一の宝とは存ずる」といって、秀吉を赤面させたという。しかし、これらに興味がなかったわけではない。ある年の一一月、織田信長から桃一籠が送られてきた。近臣たちは珍しがったが、家康は興味を示さず全て分け与えてしまった。いぶかしく思った者が聞くと、「信長と我とは国の大小異なれば、好む所も又同じき事をえず……すべて心あらん者は、奇品珍物は好むまじきなり、されど右府が如き大身の上はともかうもあれ」といって笑ったという。家康は分、身のほどを弁えていたのである。一武将の身では、天下の名器や珍品よりも軍備の充実が優先すると考えていたのである。しかし、天下人ともなれば、おのずからその立場は変わるということである。

能も『徳川実紀』には、「申楽をこのませ給ひ、駿城にては月ごと度々興行あり」とある。

また、浅間神社でもしばしば催している。豊臣秀吉は大和四座（観世・宝生・金春・金剛）の能役者を大坂に居住させたが、家康は慶長一四年（一六〇九）に駿府に移している。しかし、自身が舞うことはほとんどなかったようだ。秀吉が聚楽第で興行した時、家康は命じられて舟弁慶の義経を演じた。「元より肥えふとりておはしますに、進退舞曲の節々に、さまで御心を用ひ給はざれば、あながち義経とも見えずとて、諸人どよみ咲」ったという。家康は中年太りで、秀吉の配下になった頃は、「下ばらふくれておはすゆへ、親ら下帯しむることかなはず。侍女共に打まかせてむすばしめらる」ような有様であった。このため、秀吉に命じられればともかく、失笑を買うような姿は見せたくなかったと思われる。

　家康が特に好んだのは武術と狩猟であった。これは武将としての心得でもあり、関連するものでもあった。『徳川実紀』には、「武技の御好あつくまし〳〵て、刀鎗弓馬をはじめ鳥銃水泳のすゑ〳〵の技までも、みなその精蘊《せいうん》を極め給へり」「鷹つかふことばかりは御天性すかせられ、御若年より御年よらせらるゝまで、いさゝかもいとまある折は、かならず出立せ給ふ」とある。

　家康の日課は、「御若年の程より七旬にあまらせ給ふまで、日毎にかならず御馬にめし、鳥銃は三発、御弓も的あるは巻藁をあそばし給ふ事、日課のごとくにていさゝか怠らせ給はず」であった。

ある時、藤堂高虎に「天下の主たりとても常々練熟せでかなはざるは騎馬と水泳なり。この二つは、人して代らしむる事のならぬわざなり」といっている。岡崎時代には、近辺の川でよく泳いだという。六九歳の夏、駿府近郊の瀬名川に漁を見に行った時、暑かったためか急に泳ぎだしたという。子供たちにもその必要性を説いたため、孫の家光も江戸城の堀で時時泳いだという。馬術も大坪流をよくし、駿府城主時代は、海道一、二の馬乗といわれたという。

これに対して、剣術は奥平公重に奥山流を、有馬時貞に新当流を学んだが、「大名などは必しも自ら手を下して人をきるにおよばず。もし敵に出逢て危急の時は、その場をさければ、家人ら馳あつまりて敵を打べきなり」といったという。秀忠にも、「大将はみづから人を斬におよばず。危難のときさけん様を心得らるべし。人を斬に何ぞ大将の手を労せんや」といっている。ようするに王者の剣は人を斬るにあらず。身を護るためのものだということである。このため、家康は生涯数多の合戦を経験しながら、一人も斬ることはなかったと伝えられる。

鉄砲は足軽の武器にて、武将が使用するものではなかったが、家康はこの新兵器を好んだ。慶長一五年（一六一〇）には、鉄砲の名手稲富直家入道一夢を駿府に呼んで、その指導を受けたこともある。好こそものの上手なれのたとえのように、家康もなかなかの名手であった。浜松時代のこと、城の櫓に鸛《こうのとり》がとまった。距離は五六十間（約九〇～一〇九メートル）、常の小筒ではとどかないからと、長筒でこれを仕留めたという。同一六年（一六一一）八月、駿府城の背後の浅間山に登った際、三発撃っていずれも的の真中に当てた。近臣たちは一人も当てることができなかったという。また、駿府城に戻った時、櫓に鳶《とび》三羽がとまっていた。これを撃って二羽を仕留め、一羽は足に当たったが飛び去ったという。

家康がもっとも好きだったのは狩猟で、中でも鷹狩りを好んだ。前述のように、「鷹つかふことばかりは御天性すかせられ」とある。「また常に人に御物語ありしは、おほよそ鷹狩は遊娯の為のみにあらず。遠く郊外に出て、下民の疾苦、士風を察するはいふまでもなし。筋骨労動して手足を軽捷ならしめ、風寒炎暑をもいとはず奔走するにより、をのづから病など起ることなし。その上朝とく起出れば宿食を消化して、朝飯の味も一しほ心よくおぼえ、夜中となれば終日の倦疲《けんぴ》によて快寝するゆへ、閨房《けいぼう》にもをのづから遠ざかるなり。これぞ第一の摂生にて、なま〳〵の持薬用ひたらんより、はるかにまされり」といったという。

家康の目的の一つである農村視察では、こんなこともあった。鷹狩りに出た時御供の者に、今年の麦は豊作と思われるが、なぜかわかるかと聞いたところ、答える者がいなかったので、「麦穂の左の方へなびきしはあしく、右の方へ靡《なび》きしはよし」と説明した。その上で幼児の顔色を見、去年土中に貯えた芋が未だ掘り出されていないことから、農民の状態も良好であると説明して感嘆させたという。また、鷹狩りに行く途中、老婆が幼児の手をとって泣いているのを見て尋ねたところ、誤って火を出したため、代官から追放されたのだという。そこで家康は、「たれもをのが家を焼たくてやく者はあらじ、もし火をあやまちしものが、他国へ追やらはるべきならば、家康も近き頃両度まで城中より失火せしぞ。我をばいづくへつかはすべきや」といって、戻ることを許し、家まで建ててやったという。

慶長一八年（一六一三）一一月、忍《おし》（埼玉県行田《ぎょうだ》市）付近での鷹狩りの際、農民たちが代官深津八九郎の私曲を訴え出た。家康は調べた上で代官に非があるとして罷免した。旅つづいて岩槻（さいたま市）付近に移った時、また農民たちが代官の私曲を訴え出た。館に帰って両者から話を聞いた上で、今度は農民の方に非があるとして首謀者六人を罰した。

その一方で、狩場の管理にはうるさかった。慶長一一年（一六〇六）正月、武蔵・相模境の鷹狩り場に行ったところ、禁猟地にもかかわらず、鳥を捕えるためのもち縄が張られていた。これは一体どうしたことかと聞いたところ、関東総奉行の青山忠成《ただなり》と内藤清成《きよなり》が許可したからという。両人は禁猟地の鳥が繁殖して作物を荒らし、農民が困っていたので駆除にあたったのである。しかし、家康は「誰なりとも我留場にて、かかる曲事せしめしこと奇怪なれ。将軍はしりたまはぬか」といって激怒したという。驚いた将軍秀忠は、家康の側室阿茶の局にとりなしを頼んだが効果なく、しかたなく両人に切腹を命じようとした。これを知った本多正信がとりなしてやっと両人は許されたという。

同一六年(一六一一)一二月、駿府近郊に鷹狩りに出たところ、田に水が張られていた。日頃刈取りが終わった田は、水を引くように命じていたのにといって怒り、駿府町奉行兼代官の彦坂光正に命じて、名主十余人を獄に投じたという。また、同じように元和元年(一六一五)一一月、武蔵越谷《こしがや》で鷹狩りをしようとしたところ、狩場に水が溜まっていて狩りができず、代官を呼んで叱りつけたという。

鷹は高価なもので、一羽二〇両もしたという。足軽の中には、年俸が二両二人扶持や四両二人扶持の者もいた時代である。このため、鷹を扱う鷹匠に対しても厳しかった。武蔵忍と遠江中泉(磐田市)に鷹の飼育場を設けていたが、慶長一五年(一六一〇)に大鷹が「多損」したため、「鷹師共を勘当」した。また、元和元年(一六一五)には、稲垣権右衛門が鷹狩りの際、鷹を損傷したため死罪となった。

豊臣秀吉も鷹狩りが好きだった。ある鷹狩りの時、秘蔵の鷹の蹴爪《けづめ》が欠けているのを見た秀吉は、激怒して刀に手をかけ、「誰が所為ぞ名を言へ」と叫んだ。鷹匠の一人が名を告げようとしたところ、秀吉は小声で、「名を言ふな〱」といってこれを止め、結局うやむやにしてしまった。たとえ秘蔵の鷹とはいえ、「侍一人を代へられん」ということであった。人気の点で、秀吉が家康にまさるのはこんな点にあるのかもしれない。

『徳川実紀』には、駿府に移った慶長一二年（一六〇七）以後、最後の鷹狩りとなった元和二年（一六一六）一月まで、狩猟の記事が頻繁に出てくる。狩猟は鷹狩りと鹿・猪狩りに分けられるが、鷹狩りが圧倒的に多い。鷹狩りは駿府近郊と西は田中（藤枝市）、遠江相良《さがら》（牧之原市）、横須賀（掛川市）・掛川、中泉（磐田市）、浜松、三河吉田（愛知県豊橋市）、岡崎、吉良（西尾市）、尾張名古屋周辺である。東は清水、善徳寺（富士市）周辺と江戸への旅の途中である。

家康は駿府に移って以来元和元年（一六一五）まで、病気のため三島で引き返した慶長一四年（一六〇九）を除き、毎年江戸へ行っている。この往復の道中と江戸滞在中に狩猟をしている。日数は日帰り、数日、一〇日を越える場合もある。長かったのは、一七年（一六一二）に名古屋城の築城工事を視察しながらの三五日間と、翌一八年（一六一三）の江戸滞在中、忍・川越・若槻・戸田・千葉・船橋・東金への三七日間である。

鷹狩りの獲物は、雁・鴨・鶴・白鳥・鶉《うずら》・鷺《さぎ》・鴫《しぎ》などで、時には鷹を使わず、自身鉄砲で鴨・鶴・鴻《おおがも》などを撃っている。慶長一七年（一六一二）の三五日間の狩猟旅行では、「今度御狩の得物、鶴七十六、雁鴨の数は枚挙にいとまあらず」であった。こうした獲物は、参加者や大名・公家に与えたり、特に鶴は天皇や上皇に献上したり、豊臣秀頼に贈ることもあった。この時の狩猟旅行の二月三日は、五、六千人に鉄砲や弓矢を持たせて、遠江・三河境の境川（湖西市）辺りで猪狩りをして、「猪二三十猟《かり》とらる」であった。猪狩りで勢子も必要であったと思われるが、それにしても五、六千人とは大変な人数である。駿府近郊での日帰りの鷹狩りでも、「卒伍数百人」とあるから、家康の狩猟は特別である。当然のことながら側近たちも御供し、義直・頼宣・頼房もしばしば御共している。

また、側室や女中たちを伴う場合もあった。家康は狩猟は単に遊興のためばかりでなく、「軍法調練の為」でもあるからと、身分の高い女性は輿に乗るのが普通であるが乗馬で、下の女性は徒歩で参加させたという。

慶長一七年（一六一二）六月、家康は公家に対して鷹狩りの禁止を命じた。以後鷹狩りは武家の独占するところとなったが、その意図するところは何であったのか。単に「鷹数寄」が高じた結果だけなのであろうか。

倹約家だった家康

家康は倹約家として知られている。それは幼少年時代からの境遇に由来すると思われる。豊臣時代上方では、家康のけちは有名だったようだ。しかし、家康自身はけちと倹約の別を心得ていた。

駿府の近臣の中に、身分に反して華美な小袖を着ている者がいた。「わが側にあるもの、かかる衣装しなば、其風をのづから外々にもおしうつり、奢侈の源をひらくなり」といって、その者に謹慎を命じた。そして、「すべて倹素ならでは国家はおさまらぬものなり。上たるものが奢侈につのれば、をのづから下々の年貢課役かさみてひたと困窮し、はてには武備も全うする事を得ず。されど又世の人倹約を心得違て、なさでかなはぬ事をもなさぬ迄倹約と思ひて、義理を欠に至るは大なる誤なり」と戒めたという。源頼朝にも、藤原俊兼が華美な衣服を着用していたので、その小袖を切りおとして訓戒した話がある。頼朝を尊敬していた家康は、この話を知っていたのかも知れない。

ある寒風の朝、羽織を持ってこいと命じた。近臣が豊臣秀吉からもらった、紅梅に鶴の丸を縫った羽織を持ってきたところ、「時世に随ふならひなれば、上方にては着したれ、本国にあらんとき、かかる華麗の物用ひて、わが家法を乱るべきや」といって怒り、羽織を投げすてたという。また、蒔絵をほどこした便器を献上された時も怒った。「かかる穢らはしき器に奇工をつくさば、常用の調度いかがすべき」といって、近臣に命じて打ち砕かせたという。

ある時お勝の局が、小袖は沢山あるので洗濯して用いないで、常に新しい小袖を着用したらといったところ、「われ常に天道を恐るるをもて第一の慎とす。天道は第一に奢侈を悪《にく》むなり。わが宝蔵は当地（駿府）に限らず、京・大坂・江戸にも金銀布帛の類充満してあれば、日毎に新衣を調したりとて、何の足らはぬ事かあらんなれども、かく多く貯置《ためおく》は、時として天下の人へ施さんか、はた後世子孫の末々まで積置て、国用の不足なからしめんが為に、一衣をもあだにはせぬぞ」といって戒めたという。

駿府城の大奥には、足袋箱が二つ置かれていたという。一つは新品が入っており、一つは使用した足袋が入っていた。この箱がいっぱいになると、さほど汚れていない足袋を除き、残りを女中たちに分け与え、捨てることはなかったという。ある時、医師の板坂卜斎に壺から人参を取り出して与えようとした。卜斎は棚にあった奉書に人参をつつもうとしたところ、「それは大名どもへ書状を遣すに用ゆるなり、えうなき事に遣ふものならず。人参は良薬にて、汝等なくてかなはぬものなればとらするなり。奉書は一枚と思ふべからず大なる費なり」といって、羽織をぬがせてそれにつつませたという。

女中たちが、駿府城の台所を預かる松下常慶《じょうけい》の悪口をいっているのを聞いた家康が、年配の女中を呼んでその理由を尋ねたことがある。理由は浅漬の香物があまりに塩辛いため、塩を控えてほしいと申し出たが、常慶が聞いてくれないからだという。そこで常慶を呼んで、「此後は今少し塩をかろくいたし候へ」といったところ、「今のごとく塩辛く漬させ候てさへ、朝夕の用おびただしきものを、女房達の好みのごとく塩加減いたし候はば、何ほどの費用に及ぶべきもはかりがたし」と答えたので、家康は笑ってこの件はこのままになったという。これなどは、けちとも倹約ともとれるが、少くとも近臣たちは、家康のいう倹約を遵守していたことが伺える。

将軍秀忠が、江戸城の和田倉辺りの櫓の破風に、金の金具を用いたことが家康の耳に入った。家康はただちにその撤去を命じたという。家康は駿府城二の丸の老臣の屋敷の塀を粗末な竹垣とした。老臣たちが見た目が悪いので、自己負担で板塀に替えたいと願い出たが、「いらぬ事なり、其ままになし置け」とのことであった。

家康はこうした倹約によって莫大な財産を築いた。家康が駿府に移った慶長一二年（一六〇七）、秀忠に金十五万枚を譲り、さらにこの年一〇月金三万枚と銀一万三千貫目を贈ったという。家康はこの年三月と閏四月に、伏見城に保管していた金銀を、三回に分けて駿府城に移した。その額は七八〇駄であったという。これを小判に換算すると約七八万両になるという。また、家康が駿府で没した時、将軍秀忠は「天下の譲りを受し上は、何をか望まむ」といって、駿府城の遺産を義直・頼宣・頼房の弟たちに分与した。その遺産は金銀だけで約二〇〇万両と推定される。すなわち、家康は駿府での一〇年間に約一二〇万両を貯めたことになる。家康は江戸では四〇〇万両あまりを貯めたと考えられるから、その総額は六〇〇万両という莫大なものになる。この他、後述するように、刀剣・茶道具・書画骨董など天下の名器がある。この額も莫大なものとなろう。

火にとり憑かれた駿府城

駿府城は前述のように、三の丸の工事直前の慶長一二年（一六〇七）一二月二二日午前二時頃、完成したばかりの本丸のほとんどが焼けてしまった。出火原因は、奥女中が手燭を物置に忘れたためという。

家康は宿直していた竹腰正信に抱きかかえられて庭に逃れ、二の丸の正信の屋敷に避難した。十一男頼房は、まだ五歳だったため乳母と共に奥にいた。頼房付家老の中山信吉は、本丸の台所御門を警固していたが、家康が二の丸へ避難するのを見届けると、頼房の元へ駆け付け、煙にまかれていた頼房を抱きかかえ、乳母には水をかけた小袖をかぶせて避難させた。

本丸は文庫と宝蔵以外全焼した。家康の手元にあった秀吉拝領の白雲の茶壺や、正宗の脇差などの名器も多く失われたという。また、側室のお亀の局の手元にあった金一五〇〇枚、茶阿の局の五〇〇枚、お万の局の三〇〇枚、阿茶の局の三〇枚が、銀と共に焼けてしまった。しかし、この金銀は後に取り集めて久能山に移したという。この火事による死傷者は、混乱の中で踏み殺された女中頭のこちゃをはじめ「百人にあまりぬ」であった。

家康は大奥に男子が入ることを厳禁していた。しかし、この非常時である。幕臣や義直の家臣二一人が内門を押し破って入り、義直の生母お亀の局をはじめ女中衆を救助した。ところが家康は、法を犯したとしてこの二一人を改易にしたという。

門については次のような話もある。ある時、使に出た側近の村越直吉が日が暮れてから戻ってきた。不明門（草深門か）を警固していた小十人組の二人は、門限が過ぎたといって開門を拒んだ。たまたまやってきた年寄の安藤直次が口添えしたが、「この御門は、かねて日暮の後は人を通すまじとの御定なれば」といって応じなかった。後にこれを知った家康は、二人を賞して加増したという。

また、ある時家康が未明に狩りに出たが、何を思ったか十町ばかり行って戻ってきた。

門番は御供の者が開門を叫んでも応じず、火明りで家康の顔を確認してようやく開門したという。御供の者たちは無礼であるといって怒ったが、家康はよくその職を守ったといってこれを賞したという。慶長一五年（一六一〇）八月のことである。お万の局が熱海の湯治から帰城するというので、頼宣と頼房兄弟が生母を迎えるため、未明に駿府城を出た。のちにこれを知った家康は、夜中に門を開けるとは何事かといって怒り、門番を投獄したという。

家康は鷹狩りのところでも述べたように、法度には厳しく、違反したものには容赦しなかった。それは「法制を立るには峻急なるがよけれ……何事もはじめはおごそかに令して、後にやうやくゆるやかにせば、下々おそれ慎んで公法を侵さねば、をのづから刑法にかかる者なし」といっていることにも符号する。側室や女中たちが焼死をまぬがれたのだからと思うが、家康には例外はなかったのであろう。

このためかどうか、法度の制度には慎重で、重臣たちの意見にも耳をかたむけている。『徳川実紀』に、「駿河にて度々火災有し時」とある。本多正信に今後火を出した者は、切腹という触《ふれ》を出せと命じた。正信はそのまま退出したが、翌朝出仕して、もしも井伊兵部（直勝か）などの重臣の屋敷から出火した場合、井伊を切腹させることができますか。一般の重臣だけを切腹させたのでは、法度が成りたちませんと進言したところ、これを撤回したという。

なお、この慶長一二年（一六〇七）の大火の時には、堀直寄と松平（大河内）正綱が活躍して賞されている。正綱は「奉行衆」のところで述べたように、布を結んで何本も石垣に垂らして避難させた。直寄は外様大名で、当時は越後坂戸五万石の藩主であった。この夜いちはやく城中に駆けつけて、宝蔵についた火を消してこれを守った。『当代記』の著者は、「未年《みのとし》は凶年歟《か》」といっている。即ち三七年前の未年は、比叡山が織田信長の焼討ちにあっている。二五年前は織田信孝と柴田勝家が滅びた。一三年前は関白豊臣秀次が自決させられた。今年は家康の次男秀康と四男忠吉が没し、「今又駿府城火災、何も大凶と為す歟」。

二度目の火災は、同一四年（一六〇九）六月一日で奥女中の部屋から出火した。どうにか消し止めたが、奥女中二人は遠流《おんる》に、その下の下女二人は火あぶりの刑に処せられた。

翌一五年（一六一〇）一〇月九日の火災は、台所からおこり、阿茶の局の部屋に移り、金銀・小袖・諸道具を焼失したという。しかし、本丸はこの程度で消火され、飛火した二の丸も三、四棟と、長蔵が三〇間程焼けただけで収まった。駿府城では一二年の大火以来、四年間に九度も出火したというから異常である。「何者の業にや……され共人見出し、度々にこれを消す」とある。この火事も台所の大黒柱の上から燃えひろがったという。どう見ても放火である。犯人については、何も記されていない。キリスト教の禁止前であるから、その関係者ではあるまい。大坂方の者か、ただ単に、家康に恨みをもつ者の仕業なのか不明である。『徳川実紀』は、この一五年（一六一〇）一〇月の火災を最後に、大御所時代の火災について記していない。次は寛永一二年（一六三五）一一月二九日の天守閣以下焼失の記事である。

なお、この火災の時も堀直寄はいち早く駆けつけ、台所の屋根に上って家臣を指揮して消火にあたった。この様子を見ていた家康はこれを激賞し、一四日江戸へ向かう際、城門の傍にいた直寄を輿の側に呼び寄せ、「汝は譜第（代）の士と同じく、今より後近習に奉任せよ」と命じた。そして翌年、堀忠俊（越後高田四五万石）の改易に連座して、直寄が信濃飯山四万石に削減転封させられていたのを加増して、五万石に戻した。

5　駿府を訪れた外国人たち　―対外政策―

豊臣秀吉の朝鮮出兵によって、東アジア世界に混乱が生じた。政権を握った家康は、その修復に努めることになった。

朝鮮王国に対しては、以前から関係を持っていた対馬藩主宗義智《よしとし》に仲介を命じた。義智は両国の体面を保つため、国書の偽造までしてやっと国交の回復にこぎつけた。慶長一二年（一六〇七）義智は、朝鮮使節団を伴ってやってきた。家康は駿府城の改築中だったので、まず江戸の将軍秀忠の元にやり、その帰途駿府城で会見した。以後朝鮮国王は、将軍が代わるごとに祝賀のための通信使を派遣してきた。

明国とは薩摩藩経由琉球王国と、対馬藩経由朝鮮王国の二ルートから修復をはかった。しかし、明国はこれに応じようとしなかった。この過程で薩摩藩主島津家久は、家康の許可を得て、慶長一四年（一六〇九）に琉球に出兵してこれを征服した。琉球は尚《しょう》氏を王とする王国で、一五世紀には明に朝貢し、東南アジアとの中継貿易によって栄えたこともあった。

家康は琉球を薩摩藩領とし、明との貿易を維持するために、表面上琉球王国を存続させた。翌一五年（一六一〇）八月、家久は琉球国王尚寧《しょうねい》を伴って来駿し家康に謁した。家康は「当家創業の折ふし異国を征伐し、其国王を召具し参観する事、ためしすくなき大勲功」であるといって、家久の労をねぎらった。続いて家久と尚寧王は、将軍秀忠に挨拶するために江戸へ向かった。なお、この時尚寧王の弟具志頭王子尚宏《しょうこう》が駿府で病死した。遺骸は興津清見寺（清水区）に埋葬され、その墓は現在も同寺に残っている。

以後琉球は、国王が代わる時は謝恩使を、将軍が代わる時は慶賀使を、薩摩藩に伴われて江戸に送ることになった。結局明国とは、国交による正規の貿易は実現しなかったが、明（のち清）の商人が長崎に来航する私貿易が盛んになった。

家康はさらに、高砂《タカサゴ》（台湾）をはじめ、呂宋《ルソン》（フィリピン）・東京《トンキン》（ベトナム北部）・安《アン》南《ナン》（同中部）・交趾《コーチ》（同）・占城《チャンパ》（同南部）・柬埔寨《カンボジア》・暹羅《シャム》（タイ）・大泥《パタニ》（同南部）などの東南アジア諸国との貿易を促進した。これは、幕府が発行する渡航許可証である朱印状によって行われた。「源家康弘忠恕《ちゅうじょをひろむ》」の朱印が押された朱印状がなければ渡航できず、幕府はこれによって貿易を統制したのである。この貿易船を朱印船といい、貿易を朱印船貿易といった。許可を出したのは、駿府の側近の本多正純・後藤庄三郎光次・長谷川左兵衛藤広らで、朱印状の発行は、同じく側近の三人の僧侶相国寺の西笑承兌《せいしょうじょうたい》・円光寺の閑室《かんしつ》元佶《げんきつ》・金地院崇伝が行った。家康在世中の発行総数は一九一通とのことである。

この朱印状を得て貿易にあたったのは、薩摩藩主島津家久・熊本藩主加藤清正・平戸藩主松浦鎮信《しげのぶ》・肥前日野江藩主有馬晴信・因幡鹿野藩主亀井茲矩《これのり》などの九州・中国地方の大名。豪商で駿府の側近だった茶屋四郎次郎・角倉了以をはじめとする京都・大坂・堺・長崎の商人。側室のお夏の局、ウイリアム・アダムスやヤン・ヨーステンなどであった。

朱印船は二〇〇から三〇〇トン級が一般的であったが、中には六〇〇トンを超すものもあったという。朱印船に乗って東南アジアに渡った者に牢人が多くいた。彼等は関ヶ原の戦い以降に、大名の改易によって生じた者たちである。その中には傭兵となって各地で戦った牢人もいる。その代表者が駿府出身の山田長政である。シャムに渡った長政は、やがてアユチャの日本町の頭領となり、また傭兵隊長として、アユチャ王朝の王位継承戦争で活躍して、六崑《リゴール》太守にまでなった。

このため、大御所時代の駿府には多くの外国人が訪れた。その贈物の中には、白糸（生糸）・緞子《どんす》・沈香《じんこう》（伽羅）・鮫皮・氷糖・葡萄酒などがある。これらは、当時の輸入品の主要なもので、白糸や緞子などの絹物は輸入品の第一位であった。鮫皮は刀の柄などに用い、陣羽織や馬具に用いる鹿皮と共に主要な輸入品であった。また、ヨーロッパ人はこの他望遠鏡や鉄砲などを贈っている。珍しいものでは、ヤン・ヨーステンが虎の子二匹を贈っている。これは孫の家光に届けられた。慶長一八年（一六一三）八月に来駿した明の商人は、花火の術を心得ているというので、家康は二の丸で子供たちと花火を楽しんだ。

ヨーロッパ諸国のうち、最初に日本と交易したのは、旧教国のポルトガルとスペイン（イスパニア）であった。特にポルトガル商人は、最大の輸入品であった中国産の生糸をもたらす、中継貿易によって莫大な利益をあげていた。このため、家康は慶長九年（一六〇四）五月、京都・堺・長崎の豪商たちに、ポルトガル商人がもたらす生糸を、一定の値段で一括購入させる糸割符制度を設けさせた。この三都の豪商たちを糸割符仲間という。

家康は同一四年（一六〇九）側近の後藤光次に命じて、一括購入する生糸の一部を、駿府商人に優先的に購入させた。駿府商人は、これを京都で売って約五〇〇〇両の利益を得たという。この利益金は次のように分配された。友野・松木・大黒屋などの有力商人に一六二五両、駿府城の女中衆に一〇七五両、駿府の町人に二三〇〇両である。この特権は家康が没する元和二年（一六一六）まで続いた。

なお、当時日本からの主要輸出品は、銀・銅・硫黄などであった。中でも石見銀山をはじめとする諸銀山から産出する銀は膨大で、その輸出額だけでも、世界の銀産出額の三分の一に及んだといわれている。

「豪商と外国人」で述べたように、慶長五年（一六〇〇）のリーフデ号の漂着を契機に、これまでの旧教国ポルトガルとスペインに続いて、新教国のオランダとイギリスが、対日貿易に加わるようになった。一六世紀末から一七世紀初期にかけてのヨーロッパは、大航海時代に活躍して強国となったポルトガルとスペインに対抗して、急速に台頭してきたオランダとイギリスの時代へと転換する過渡期にあたった。オランダは一五八一年スペインから独立し、イギリスは一五八八年に、スペインの無敵艦隊を撃破して海上権を握った。やがてアジアに進出した両国は、一七世紀初頭に東インド会社を設立して貿易に乗り出した。日本との貿易開始は時間の問題であったのである。

慶長一四年（一六〇九）五月、オランダ船が平戸にやってきた。使節は駿府で家康に謁見して、オランダ総督の国書と贈物を献じて通商を求めた。これに対して家康は、来航許可の朱印状を与えた。オランダはただちに平戸に商館を設け貿易を開始した。

一方イギリスはやや遅れ、同一八年（一六一三）八月、国王ジェームズ一世の国書と贈物を持ったジョン・セーリスが平戸にやってきた。セーリスはウイリアム・アダムスの案内で来駿し、その斡旋によって通商許可と関税免除の朱印状を与えられ、平戸に商館を開いた。

このため、オランダ・イギリスとポルトガル・スペインの対立は、アジアの海域にも持ち込まれた。オランダやイギリス船は、ポルトガルやスペイン船を攻撃して、これを拿捕撃沈しその積荷を奪った。ポルトガル・スペイン両国は、家康にオランダ船は海賊船であるからと、その追放を求めたが、家康は取り合わなかった。

オランダと通商条約を結んだ慶長一四年（一六〇九）、ルソンからスペインの植民地ノビスパン（ノバイスパニア、現メキシコ）へ向かったサンフランシスコ号が難破して、上総国岩和田（千葉県御宿町）に漂着した。この船には前ルソン長官ドン・ロドリゴ・デ・ビベロが乗っていた。これを知った家康は、ビベロを駿府に招いた。一〇月登城したビベロに、家康はノビスパンの銀の精錬技師の派遣を要請した。これは、日本の精錬技術が限界にきたため、新技術の導入をはかろうとしたためである。これに対してビベロは、キリスト教布教の自由とオランダ人の追放を求めたが、後者については事実上無視した。

ビベロの『日本見聞録』には、江戸の人口は一五万、駿府は一二（一〇）万とある。家康については、「彼は六十歳中背の老人にして、尊敬すべく愉快なる容貌を有し」とか、「七十歳余の肥満せる尊敬すべき老人」と記している。

家康はアダムスに命じて、伊豆の伊東で二隻の西洋式帆船を建造させた。ビベロの帰国にあたって、大きい方の一二〇トン級の船を与えた。翌一五年（一六一〇）ビベロは帰国するが、この時、京都の商人田中勝助《しょうすけ》（介）が、家康の許可を得てノビスパンに渡り、通商に努めたが成功せず、翌一六年（一六一一）答礼使セバスチャン・ビスカイノと共に帰国した。登城した勝助は紫羅沙を献上し、家康はこれを鷹狩り用の羽織に仕立させたという。なお、勝助は太平洋を横断した最初の日本人ということになる。

スペイン国王フェリペ三世は、遭難したビベロを救助してくれた日本に、答礼使としてビスカイノを派遣した。この時、家康に献上された贈物の一つが、現在久能山東照宮に保存されている置時計である。これはハンス・デ・エバロが、一五八一年にマドリッドで製作したものである。なお、ビスカイノの『金銀島探険報告』には、側近の本多正純は贈物を受け取らなかったとある。理由は「彼は潔白且忠実に其職に尽し」ているためとある。また、後藤光次は「躊躇することなく之を受納せり……此人は四のレアル（貨幣の単位）よりも、八のレアルを好めるが故なり」とあり、好対照をなしている。

ビスカイノは答礼使の他に、金銀島発見の使命も帯びており、東北地方の沿岸の測量なども行った。このことは、ウイリアム・アダムスから家康に報告された。ビスカイノの行動に疑いをもった家康は、以後謁見を許さず、乗船が大津波で沈没しても、帰国の便宜を与えようとしなかった。このため、ビスカイノは慶長一八年（一六一三）、仙台藩主伊達政宗が、家臣支倉六右衛門常長をローマへ派遣した時、その船に便乗して帰国することになった。

6　日本は神国仏国　―宗教政策―

寺院統制

家康は岡崎時代に、三河一向一揆に遭ってその鎮圧に苦労した。家臣の中には、主君である家康に叛いて信仰に走った者が多くいたのである。この苦い経験から家康も、織田信長や豊臣秀吉同様、宗教統制の必要性を十分に認識していたと思われる。

信長は比叡山焼討ちに代表されるように、武力による統制を断行した。秀吉は刀狩令や人掃令（身分統制令）によって、武器の没収や身分の固定化をはかり、僧侶の宗教活動以外の活動を規制した。

これに対して家康は、諸宗に対して『寺院法度』を制定して統制をはかった。それは僧侶に対する学問・修行の奨励と、本寺・末寺の制度（本末制度）による寺院の統制であった。『寺院法度』の最初は、慶長六年（一六〇一）の高野山（真言宗）に対してであった。その後、駿府に移った翌年の慶長一三年（一六〇八）から元和元年（一六一五）までの間に、三二の『寺院法度』を発布している。これらの発布にあたって、最も活躍したのが側近の金地院崇伝であった。なお、これらの法度は、四代将軍家綱の時にまとめられて、『諸宗寺院法度』となった。

徳川（松平）家の菩提寺は、岡崎の浄土宗大樹寺である。天正一八年（一五九〇）関東に転封となった家康が江戸城に入った時、多くの人びとがこれを出迎えた。その中に、浄土宗増上寺の住持源誉存応《ぞんおう》（観智国師）がいた。たまたまこれを目にした家康が声をかけ、大樹寺の住持感応の弟子であることを知った。このため、増上寺を江戸での菩提寺にしたという。こうして家康に気に入られた存応は、度度駿府に招かれることになった。慶長一三年（一六〇八）には、存応以下一三〇人の浄土宗の僧侶が集められ、法問が行われた。同一八年（一六一三）には、八月から九月にかけて、駿府報土寺に滞在して、度度法問が行われた。

家康は仏教に関心が深く、仏法についての問答である法問や、各宗派の論議を好んだ。このため、多くの僧侶が駿府に招かれた。『徳川実紀』には、「駿府にうつらせ給ひては、機務の御暇に……法義をたづね給ひ……法問せしめて聞し召……論義せしめ給ふ。其度ごとに金銀衣服等かづけられ。または寺領をも示し下されしかば、諸宗の法師どもいづれも御仁恩をしたひ」とある。ただ、宗派間の優劣を争う宗論は、駿府における浄土宗と法華

（日蓮）宗の宗論を最後に禁止した。

これに違反したとして改易されたのが堀直次である。直次は越後福島藩の家老であったが、藩主堀忠俊が一五歳と若かったために藩政を恣《ほしいまま》にしていた。慶長一五年（一六一〇）直次は、禁止されていた宗論を浄土宗と法華宗の間で行わせ、自ら裁断して浄土宗の僧侶一〇人を処罰した。これを直次と対立していた弟の堀直寄が家康に訴えたのである。裁判は駿府城本丸において、駿府に来ていた将軍秀忠も同席して行われた。家康は「宗論といふは天下の大禁なり、さるに公法を犯し、妄りにこれをなさしめ、あまさへ已が私意もて決断し、僧徒を刑殺せし事沙汰の限りなり」といって、直次（越後三条五万石）を改易した。このため、藩主忠俊も「讒臣にまよひ、邪正を弁へず、大国を封ずる器にあらず」と、四五万石を改易させられたのである。

家康はこのように、寺領を与えて保護する一方で、『寺院法度』によって宗教活動を規制して、幕府の統制下においたのである。このため、これに従わなかった日蓮宗の不受不施派は、キリシタンと共に、江戸時代を通じて弾圧されることになった。不受不施派とは、法華経を信じない者からは施しを受けず、また、その者には施さないという考えの一派である。即ち幕府からは寺領ももらわないし、幕府のために祈禱することもないということである。家康は慶長五年に、不受不施派の始祖である日奥を対馬に流して、これを弾圧した。

キリスト教の禁止

キリスト教に対して家康は、豊臣秀吉同様禁止の立場をとった。例えば、慶長一七年（一六一二）六月のノビスパン（メキシコ）総督宛の書簡で、領主間の盟約を保証するのは、日本の神を媒介にした誓約（起請）である。日本は神々への起請によって、秩序が保たれる神国であるから、キリスト教の布教は認められないといっている。しかし、貿易を重視したため、禁教は不徹底で、事実上黙認状態であった。

こんなことから布教は拡大していった。その契機になったのが、慶長五年（一六〇〇）に教皇クレメント八世が、イエズス会以外にも日本での布教を認めたことである。このため、フランシスコ会・ドミニコ会・アウグスチノ会の宣教師たちが布教にやってきた。信者数は慶長一九年（一六一四）の時点で、イエズス会だけで二〇万とも三〇万ともいわれた。教会も約二〇〇カ所という。『徳川実紀』の慶長一二年（一六〇七）一二月の条に、「近年天主教盛に行はれ、駿府にてもこの教に入者多く、所々に寺院をいとなみ、法をとくもの、神祇を罵り仏法を誹謗し、神社にいばりし、仏像を焚き、暴逆いたらざる所なし、ほとんど国をみだらんとする萌蘖《ぼうげつ》（きざし）」だと、家康が心配したことが記されている。

家康が禁教に本腰を入れる契機となったのは、岡本大八事件であった。慶長一四年（一六〇九）五月、ポルトガル船ノッサ・セニョーラ・ダ・グラッサ（マードレ・デ・デウス）号が、マカオから長崎港にやってきた。これに乗っていたのがマカオの総司令官アンドレ・ペッソアであった。ペッソアは前年、肥前日野江藩主有馬晴信の朱印船が、マカオに入港した時、船員が乱暴したとして処刑し、その積荷を没収した。これを長崎奉行長谷川藤広から聞いていた晴信は、家康の許可を得てペッソアの引き渡しを求めた。しかし、これを拒否して脱出をはかったため、グラッサ号を攻撃した。脱出不能を悟ったペッソアは、爆沈して自らも命を絶った。

このグラッサ号事件を利用して私腹を肥やしたのが、本多正純の与力岡本大八であった。大八は晴信が旧領である肥前三郡を欲しているのを知ると、恩賞として旧領の回復を斡旋すると持ちかけて、多額の賄賂を得た。ところが、一向に加増の沙汰がないため、晴信は直接正純にただし、事が発覚したのである。同一七年（一六一二）二月、大八と晴信は駿府において対決した。吟味の結果、大八の非は明白で、駿府町奉行彦坂光正に引き渡されて獄につながれた。ところが大八は、晴信がかつて長崎奉行長谷川藤広の暗殺を企てたことを訴えたため、三月再び両人の対決となった。晴信は弁解することができず、甲斐に配流となり、五月配所で自殺した。大八は駿府市街を引き廻しの上、安倍川原で火刑に処せられた。『駿府記』には、「見る人堵《と》（土壁）の如し」とあって、見物人が多数押し寄せ、周りに人垣ができた様子がうかがえる。

晴信はプロタシオという洗礼名をもつキリシタン大名として有名で、甥の千々石《ちぢわ》清左衛門直員《なおかず》（ミゲル）は、天正遣欧使節の一人である。大八もパウロという洗礼名のキリシタンであった。このため、家康は駿府の幕臣の調査を命じたところ、原主水・小笠原権之丞・榊原加兵衛他五三人がキリシタンであることが判明した。これらに改宗を命じたが、応じないため改易に処した。また、大奥の女中ジュリア（おたあ）・ルチア・クララも伊豆大島に流した。このうち、原主水は逃亡して武蔵岩槻（さいたま市）に隠れていたが、のち逮捕され、手足の指を斬り落とされた上で斬首となった。小笠原権之丞はのち大坂城に入り、戦死したという。ジュリアは朝鮮の貴族の娘という。文禄の役の時キリシタン大名小西行長に捕らえられ、行長夫人ジュスタに仕えてキリシタンになったという。関ヶ原の戦いで行長が処刑された後、どのようないきさつがあったのか不明であるが、家康の大奥に仕えることになった。前述のビスカイノの『金銀島探検報告』にも、ジュリアが熱心なキリシタンで、ビスカイノと共にミサに列席したことが記されている。

こうして、幕臣や奥女中にもキリシタンがいたことを知った家康は、禁教へ踏み出した。大八を処刑した三月、幕府直轄都市にキリスト教禁止令を出し、京都所司代板倉勝重・長崎奉行長谷川藤広、晴信のあとを継いで日野江藩主になった有馬直純に対して、ただちに任地に戻ることを命じた。さらに八月、幕府直轄領にキリシタンの厳禁と、違反した者への処罰を命じた。

翌一八年（一六一三）一二月、江戸周辺で鷹狩りを楽しんでいた家康は、連れてきた崇伝に『伴天連追放之文《ふみ》』を起草させた。崇伝が徹夜して書きあげた『追放之文』には、「吉利支丹の徒党……ただ商船を渡し資財を通ずるにあらず。みだりに邪法を弘め正宗を惑わさんと欲す……日本は神国仏国、神を尊び仏を敬い、仁義の道をもっぱらとし、善悪の法を匡《ただ》す……伴天連徒党……実に神敵仏敵也……急ぎ禁ぜずば、後世必ず国家の患い有り」とある。

家康はこれを将軍秀忠の名で全国に発布させた。これによって、各地の教会は破壊され、宣教師や改宗に応じない信徒たちは、長崎に集められて、翌一九年（一六一四）九月、三隻のポルトガル船によってマカオとマニラに追放された。マニラへの船には、かつて摂津高槻城主であった、キリシタン大名高山右近長房とその家族が乗っていた。これを「大追放」という。

こうした禁教政策には、側近の崇伝や天海などの僧侶がかかわっていた。また、ヤン・

ヨーステンが「邪徒はただ宗門を弘むるのみに非ず、国家を傾けん為なり」と進言したというが、ウイリアム・アダムスも同様である。布教をしない新教国オランダやイギリスは、対日貿易で競争相手の旧教国ポルトガルやスペインを排除するために、家康にその脅威を吹き込み、影響を与えたと思われる。

駿府においても、二カ所あったといわれる教会が破壊され、キリシタンが逮捕された。『駿府記』によれば、そのうちの清安は、牢獄で二人の罪人を入信させたため、額に十文字の焼印を押され、両手の指を切られて追放されたとある。

7　天子諸芸能の事　第一御学問なり　―朝廷政策―

家康は慶長八年（一六〇三）二月、後陽成天皇より征夷大将軍に任じられて、名実共に武家の棟梁として江戸幕府を開いたが、以後朝廷を利用しながらその統制を強めていった。その狙いは、朝廷を政治から遠ざけることと、倒幕につながるおそれのある諸大名と、朝廷の間を断つことであった。

家康はこのため、幕府の奏請を朝廷に取り次ぐ役である、武家伝奏《てんそう》を利用してこれを手なずけた。このため、武家伝奏に就任した公家は、幕府寄りの態度をとるようになり、公家たちからは恨まれることになった。

慶長一四年（一六〇九）六月、官女と公家との密通事件がおこった。新《しん》大典侍《おおすけ》広橋氏・権典侍《ごんのてんじ》中院《なかのいん》氏・中内侍《なかないじ》水無瀬《みなせ》氏・菅内侍《かんないじ》唐橋氏・命婦《みょうぶ》讃岐《さぬき》が、烏丸《からすまる》光広・大炊御門《おおいみかど》頼国・花山院《かざんいん》忠長・飛鳥井雅賢・難波宗勝・徳大寺実久・中御門（松木）宗信・猪熊教利・兼康《かねやす》頼継と密通したというのである。このような事件は慶長四年（一五九九）にもあり、「逆鱗《げきりん》」した後陽成天皇は死刑を求め、五摂家（近衛・九条・一条・二条・鷹司の五家）も同意した。しかし、家康は厳罰には反対で、京都所司代板倉勝重に調査を命じた。結局天皇の意向は通らず、五人の官女は駿府に下った後、死罪一等を減じて伊豆の新島（八丈島説あり）に流された。公家たちは、烏丸と徳大寺は「其罪軽し」と赦されたが、猪熊と兼康は死刑となり、他は硫黄島・松前・隠岐・伊豆へ流された。

これによって家康は、朝廷内の問題にも口を出し、公家の処分にも大きく関与することになった。この年の一二月、後陽成天皇はこの処分に対する不満からか、家康に譲位の意向を伝えた。家康は譲位の延期を求めたが、天皇の意向が強かったので、翌一五年（一六一〇）三月に譲位と決まった。ところが「側室と子供たち」のところで述べたように、五女の市姫が閏二月に四歳で没した。生母のお勝の局があまりにも嘆くので、譲位の延期を要請した。これがまた天皇を逆鱗させた。

このため、武家伝奏の大納言広橋兼勝と中納言勧修寺《かじゅうじ》光豊が駿府に下った。これに対して家康は、七カ条の申し入れをした。それは、幕府の援助がなくても、今年中に行いたいというのであれば行うがいい（第一条）。政仁《ことひと》親王の元服を今年中に行うことは承知する（第二条）などであった。天皇は延喜の例にならい元服と譲位を同日に行いたい意向であったが、幕府の援助がなければ行うことができず、各親王や五摂家の説得もあって、これを受けいれざるを得なかった。こうして家康は、事あるごとに朝廷に対する干渉を強めていったのである。

後陽成天皇は、本来は弟の八条宮智仁《としひと》親王に譲位したいと考えていたという。しかし、親王は豊臣秀吉の養子になったことがあるので、家康が反対したため、天皇の第三皇子政仁親王になったといういきさつがある。家康は秀吉が擁立した後陽成天皇に盾突いたといえよう。

一二月政仁親王の元服が行われ、翌一六年（一六一一）三月二七日後陽成天皇が譲位し、翌四月一二日政仁親王が即位して後水尾《ごみずのお》天皇が誕生した。これより前、家康は三月六日駿府を発ち、一七日二条城に入って両儀式の進行を見守った。

慶長一八年（一六一三）六月、公家に対して『公家衆法度』五カ条を申し渡した。第一条、公家衆は家々の学業を怠慢なくつとめること。第二条、礼法（行儀）にそむく徒は、遠流に処す。第三条、早朝から夜まで勤務を怠るべからず。第四条、用もないのに町小路を徘徊すべからず。第五条、不似合な勝負事、無頼の青侍を召置く輩は流罪たるべし。最後に「五摂家幷に伝奏衆より其事の告あらば、武家より沙汰せらるべし」とある。

この法度は、天皇の許可を得ることなく、家康が直接公家に発したもので、違反した者に対する処罰も、幕府が行うというものである。前の密通事件でもうかがわれるように、当時公家の風紀は乱れていた。流行の女歌舞伎を宮中に呼び入れたり、昼間から酒宴を開いたり、勝負事や賭けも行われていたという。家康はこうした問題をついて、朝廷に対する干渉を強めていったのである。

また家康は、天皇が政治に関与することを嫌い、これを排除しようとした。同一九年（一六一四）二月、大坂冬の陣の講和の際、後水尾天皇は勅使として大納言広幡兼勝と同三条西実條《さねえだ》を家康の陣所に送り、講和の斡旋をはかった。しかし、家康は「若し調わざれば、すなわち天子の命を軽んぜしめ、甚だ以て不可なり」といってこれを断った。この一七日の時点では、講和交渉が進んでおり、天皇の力を借りなくても、成立させる自信があったためである。そして、なによりも天皇を政治の圏外に置こうと思っていたからである。

大坂夏の陣が終わった二カ月後の元和元年（一六一五）七月一七日。家康は京都二条城に、五摂家をはじめとする主な公家を集めて、『禁中並公家諸法度』を発布した。これは金地院崇伝に起草させたもので、一七カ条からなり、家康・将軍秀忠・関白二条昭実が連署したものである。この法度は、二年前に発布した『公家衆法度』を、大きく前進させたもので、今度は対象を公家だけでなく、天皇・親王・公家・門跡《もんぜき》など全体を対象としたものであった。

特に第一条に、「天子諸芸能之事、第一御学問也」とあるように、歴史上はじめて天皇の行動を規定したものである。ここに、家康の天皇を政治の圏外におこうとする意図が伺がえるのである。二条・三条・十三条は、大臣・親王・門跡の席次について、四条・五条は摂政・関白・大臣の任免について、六条は養子、八条は改元、九条は服装、十条は官位の昇進、十一条は関白・伝奏などの指令に背くものの処罰、十二条は罪の軽重の基準、十四条以下は僧侶・門跡・紫衣《しえ》・上人号の勅許・任免についてである。

第七条は「武家の官位は、公家当官の外たるべき事」とある。つまり武家に与える官位は、公家に与える官位の定員外ということである。ここに至るまでに、家康は二つのことを行っていた。慶長一一年（一六〇六）四月上洛した際、武家への官位は、家康の推挙がなければ叙任しないように奏請した。次いで同一六年（一六一一）三月の上洛の際には、武家の官位を朝廷の官位の枠外におくことを奏請したという。第七条はこれを踏まえてのものである。これによって家康（幕府）は、武家に対する官位を掌握し、その推挙がなければ大名は任官できなくなり、大名に対する家康（幕府）の優位が強まることになった。また、見方を変えれば、朝廷と大名の間を引き離して、その関係を弱めることにもなり、天皇と大名が直接つながることを阻止することにもなった。

以後幕府は、朝廷の官職の枠（定員）に拘束されることなく、定員を無視して自由に任免することが可能になった。たとえば、国司の長官である守の定員は一名であるが、寛文四年（一六六四）の時点で見ると、信濃守が一八人、若狭守が一三人、山城守が一一人もいる。これは本来ありえないことであるが、それが可能になったのである。これによって、多い時は二七〇人を超す大名や一部の旗本も官職につくことができ、その虚栄心を満足させることになったのである。

この『禁中並公家諸法度』によって、家康（幕府）は朝廷をその統制下におき、朝廷支配を確立した。その職務を担当したのが京都所司代である。以後幕末に至るまで、幕府は朝廷に干渉し続けた。当然のことながら、後陽成天皇のようにこれに抵抗した天皇もいた。大御所秀忠の寛永六年（一六二九）におこった紫衣《しえ》事件に対する後水尾天皇がそれである。しかし、天皇の抵抗も後陽成天皇同様、譲位をするのが精一杯であった。

家康は経済面でも朝廷の統制をはかった。慶長六年（一六〇一）天皇の直轄領である禁裏御料を一万石とした。その後二代将軍秀忠が一万石を献上し、五代将軍綱吉も一万石を献上したので三万石となった。しかし、徳川家の菩提寺の一つ寛永寺の寺領が、一万一七九〇石であるのと比べるとあまりにも少ないといえよう。当然公家たちも経済的には恵まれなかった。五摂家筆頭の近衛家にして一七九五石（後二七九七石）である。ほとんどの公家が一〇〇〇石未満で、五摂家に次ぐ家格の清華家の三条家でも二六九石（後四六九石）であった。このため、下級武士同様内職をする公家もあったという。このようなことから、御所の造営や修理などの費用のかかるものは、慶長一六年（一六一一）に家康がやったように、以後も幕府が行った。

このように、家康はあらゆる面から朝廷を統制し締め付けたが、その一方で、天皇との縁戚関係による宥和策も考えていた。家康の孫娘和子《かずこ》は、将軍秀忠の五女として慶長一二年（一六〇七）に江戸城で生まれた。翌一三年（一六〇八）には、早くも政仁《ことひと》親王との風聞が醍醐寺三宝院の義演の日記に見える。入内《じゅだい》の話が本格化するのは、親王が即位して後水尾天皇になった翌一七年（一六一二）である。一九年（一六一四）四月、勅使広橋兼勝と三条西実條が駿府に下向し、和子を女御《にょうご》として入内せしむべき旨を伝えた。しかし、この年から翌元和元年（一六一五）にかけて大坂の陣がはじまったため延期された。さらに、翌二年（一六一六）は家康の死、三年（一六一七）は後陽成上皇の崩御によって延期となった。結局入内は元和六年（一六二〇）になった。この中宮和子の皇女が寛永七年（一六三〇）に即位して明正《めいしょう》天皇となった。称徳天皇が宝亀元年（七七〇）に崩御されて以来、実に八五九年ぶりの女帝の誕生である。これによって、大御所秀忠は天皇の外戚となったが、以後徳川家は娘を入内させることはなかった。その代わり皇女の降嫁が二回あった。七代将軍家継と一四代将軍家茂である。もっとも、家継の場合はその死去により結納のみで終わった。絶大な権力を握った徳川家（幕府）にとって、天皇家との姻戚関係は、政治的にはそれほどの意味をもたなくなったためと思われる。

8　駿河文庫と駿河版　―文教政策―

学問好きな家康

家康は駿府に移った年に、本多正信に「我若年の時は、軍務繁多にして学問するいとまなし。よて生涯不学にして、今此老齢に及べり」といっている。たしかに、戦塵の中を生きてきた家康にとって、学問に精を出す時間はなかったであろう。しかし、「生涯不学」と謙遜しているが、実際はなかなかの物知りであった。時間にある程度余裕ができ、学問に身を入れることができるようになったのは、四〇代の後半からではないかと思われる。

この頃家康は豊臣秀吉に臣従し、北条氏滅亡後の関東に移っている。文禄二年（一五九三）一二月には、朱子学者の藤原惺窩《せいか》を江戸に呼んで『貞観政要』を講義させている。家康の侍医板坂卜斎の『慶長記（板坂卜斎覚書）』には、「家康公、書籍すかせられ」「学問御好、殊の外の文字御鍛錬」とある。また、「詩作、連歌は御嫌」とあって、詩歌をはじめ文学にはあまり興味がなかったようだ。

慶長六年（一六〇一）三月、左大臣近衛信尹《のぶただ》・相国寺の西笑承兌《せいしょうじょうたい》・円光寺の閑室元佶・明人友賢らと詩歌の会を開いた時、家康は詩を元佶に代作させている。連歌も『徳川実紀』には、文禄三年（一五九四）に高野山で連歌の興行があり、そこで詠んだものと、慶長九年（一六〇四）三月に、義直と頼宣を伴って上洛の途中、熱海温泉に七日間滞在した際詠んだものなど、数件しか記載されていない。

和歌は「詩歌などの末枝は、元より御好もおはしまさねば、殊さらに作り出給ふべくもあらず。されど折にふれ時によりて、御詠吟ありし」として、辞世を含む十数首が収録されている程度である。文学関係の講義も、『古今和歌集』は中納言冷泉為満《れいぜい》に一回、『源氏物語』は中納言飛鳥井雅庸《まさつね》や参議中院《なかのいん》通村などに、四回命じたことが記載されている。

家康が好んだのは、『慶長記』に、「論語・中庸《ちゅうよう》・史記・漢書・六韜《りくとう》・三略・貞観政要、和本は延喜式・東鑑《あずまかがみ》なり」とあるように、為政者・武将として必要な、道徳・歴史・兵法・法律などに関する実用的なものであった。家康は源頼朝を尊敬し、鎌倉幕府の記録である『吾妻鏡（東鑑）』を愛読した。伏見でこれを刊行する時、「いまだ世にしる者少かりしに、武家の記録是よりふるきはなし、尤考証となすべきものなり」といっている。『吾妻鏡』と共に重要視したのは、『貞観政要』と『群書治要』である。前者は唐の太宗と群臣が、政治上の得失を論じた書で、後者は太宗の命で魏徴らが、群書中から政治上の要件を抜粋した書である。家康が金地院崇伝に命じて起草させた『禁中並公家諸法度』の第一条、「天子諸芸能之事、第一御学問也」の後に、「貞観政要明文也、寛平遺誡《かんぴょうのゆいかい》、経史を窮《きわ》めずといえども、軍書治要は誦習《しょうしゅう》すべし」とある。「寛平遺誡」とは、寛平九年（八九七）に宇多天皇が譲位にあたって、醍醐天皇に与えた訓戒のことである。これは古来天皇の金科玉条とされたが、家康は為政者たる者は、「寛平遺誡」よりも『貞観政要』や『軍書治要』の方が、ためになると考えていたことがわかる。

家康が駿府に移る以前、これら和漢の書について講義したのは、承兌や元佶・公家の水《み》無瀬《なせ》兼成・清原秀賢などであった。駿府に移ってからは、もっぱら博学で知られた林羅山がつとめた。

書籍の収集

家康は応仁の乱以後百有余年続いた戦乱によって、天下の書籍が散佚《さんしつ》したのを嘆いたという。たとえば、鎌倉時代に北条実時が創設した金沢《かなさわ》文庫（横浜市金沢区）や、室町時代に上杉憲実が整備した足利学校（栃木県足利市）所蔵の書籍が散佚している。家康はこうした書籍を収集して文庫を創設した。その方法は献上・購入・書写である。権力者がやるのであるから成果があった。献上したのは公家・大名・寺社などで、たとえば右大臣菊亭晴季は『金沢文庫本　律令』、福岡藩主黒田長政は『北条本　吾妻鏡』を、伊豆山般若院（走湯権現社）は『続日本紀』を献上している。『金沢文庫本　律令』は、金沢文庫が所蔵していたものを、豊臣秀次が取り上げた後、晴季に贈られたものである。『北条本　吾妻鏡』も金沢文庫が所蔵していたもので、北条氏政が取り上げ、小田原落城の際、黒田官兵衛孝高《よしたか》（如水）に贈ったものである。また、藤原定家筆の『伊勢物語』は、後土御門天皇の所蔵であったが、能登守護畠山義統《よしむね》が賜わり、その後戦国大名三好長慶・堺の商人を経て細川藤孝（幽斎）が購入した。それを家康の四男忠吉が懇望して譲り受け、慶長一二年（一六〇七）、その死によって家康の所蔵となったものである。

購入は側近の林羅山があたり、中国・朝鮮からの輸入書籍が主であった。印刷出版が一般的でなかった当時は、書写が行われていた。家康は慶長一九年一〇月、京都所司代板倉勝重と金地院崇伝・羅山に命じて、仙洞《せんとう》（上皇）御所をはじめ、各公家の家に所蔵されている書籍の写本づくりを行わせた。崇伝と羅山は、南禅寺に京都五山の天竜寺・相国寺・東福寺・建仁寺・万寿寺から、各一〇人の能書の僧を集めて、三部ずつ書写させた。写本を三部にしたのは、朝廷・駿府の駿河文庫・江戸の富士見亭文庫にそれぞれ納めるためであった。作業にあたった僧は、増員されて一三〇人余となり、大坂冬の陣の最中も、南禅寺に泊り込んで午前六時頃から午後六時頃まで作業を続けた。それでも正月は休んだが、一〇日には再開された。三月一九日、崇伝と羅山が駿府に戻り写本の完成を報告した。

この他、収集した書籍の中には、没収したものもあった。関ヶ原の戦いで処刑した安国寺恵瓊の所蔵本や、伊豆修善寺所蔵の『元版大蔵経』がそれである。

駿河文庫

家康は江戸にいた時には、江戸城の富士見櫓に富士見亭文庫（後紅葉山文庫）を開設して、収集書籍をここに納めた。駿府に移ってからは、駿府城本丸に駿河文庫を開設した。この管理と収集にあたったのが朱子学者の林羅山である。羅山は師の藤原惺窩《せいか》に宛てた手紙に、「芸香楼《うんこうろう》（書庫）其の管鑰《かんやく》（鍵）を掌る。宇《う》（屋根）を衝《つ》き篋《きょう》（書箱）に満つ……斯《こ》の楼に登れば則ち帰ることを忘れて、日の将《まさ》に入らんとするを知らざること有り。是れ我が主君の恵にして、又僕の一得なり。亦幸ひならずや」とその喜びを書いている。学者であった羅山にとって、貴重書の宝庫である駿河文庫に入れば、日が暮れて文字が読めなくなるまで読書に熱中することが、度度あったであろう。これによって、羅山の博学・博識はいよいよみがかれたであろう。なお、「宇を衝き篋に満つ」とは、当時の本（和書、漢籍）は、現在のように書架に立て並べるのではなく、箱や帙《ちつ》に入れて積み重ねて置いた。その箱が積み上げられて屋根に届くほどであったということである。

羅山は「書庫蔵書数万本」といっているが、実際の蔵書数は何冊であったのか。家康の没後、その遺命と将軍秀忠の命により、蔵書は尾張義直・駿河（後紀伊）頼宣・水戸頼房の御三家に、五・五・三の比率で分与された。これを担当したのが羅山である。羅山は蔵書の中から、「本朝の旧記及び希世の書」を取り出して江戸に移し、残りを五・五・三の比率で御三家に配分した。尾張徳川家には、この時の『駿河御分物之御書籍』の受領目録が残っている。これには「部数合三百六十三部　冊数合弐千八百廿六冊」とある。駿河・水戸徳川家は五と三だから、合計約九四四部　七三四八冊になる。残りについては、文化五年（一八〇八）に書物奉行に就任した近藤重蔵守重（正斎《せいさい》）の『右文故事《ゆうぶん》』（一部を『御本日記』という）が参考になる。これは紅葉山文庫の貴重書について、来歴を考証したものである。これによると、羅山が江戸に移したのは五〇部一三三七冊という。これ以前にも、江戸に移したものが四二部一一一八冊ある。これらを合計すると約一〇三六部、九八〇三冊となる。ざっと一万冊であるが、実際にはもっとあったと思われる。羅山は「殿中にも、草子倉にも、御前にもおほかりき」といっているから、駿河文庫本かどうかわからないものもあったようである。なお、近藤守重は書物奉行の前は、松前蝦夷御用取扱として千島列島を探検し、択捉島《エトロフ》に「大日本恵登呂府」の標柱をたてている。

駿河版の出版

家康は「人倫の道明かならざるより、をのづから世も乱れ国も治らずして騒乱やむ時なし。この道理をさとししらんとならば、書籍より外にはなし。書籍を刊行して世に伝へんは仁政の第一なり」といって、諸書の刊行にかかったという。

印刷は唐（隋説あり）の時代に、整版（木版）によってはじまったという。日本では奈良時代にこの技術が唐から入ったと思われる。最も古い印刷物は『百万塔陀羅尼（経）』である。これは称徳天皇が、天平宝字八年（七六四）の藤原仲麻呂の乱で、戦没した人びとの冥福を祈るために、木製の百万塔をつくって、この中に印刷した陀羅尼経を入れて、南部十大寺に寄進したものである。活字印刷も中国の発明で、宋の慶暦年間（一〇四一〜四八）という。日本には豊臣秀吉の時に、ヨーロッパと朝鮮からほぼ同時に入ってきた。天正一八年（一五九〇）ローマへ派遣された天正遣欧使節が帰国した際、これに同行したイタリアの宣教師ヴァリニャーニが、合金活字を使った印刷機をもたらした。しかし、これは天草や長崎などの教会内でのみ使用されて、国内に広がることはなかった。これをキリシタン版・天草版と呼んでいる。

文禄元年（一五九二）文禄の役で朝鮮に出兵した宇喜多秀家や加藤清正らが、中国から朝鮮に伝わった銅活字を戦利品として持ち帰った。これは朝廷にも献上されたという。後陽成天皇はこれにならって木活字をつくらせ、文禄二年（一五九三）から慶長八年（一六〇三）にかけて、『古文孝経』『日本書紀神代巻』『四書（大学・中庸・論語・孟子）』などを出版した。これを慶長勅版という。

家康もこの影響を受けて、伏見において慶長四年（一五九九）から一一年（一六〇六）にかけて、円光寺の閑室元佶と相国寺の西笑承兌《せいしょうじょうたい》に、木活字十万をつくって与え、『孔子家語』『三略』『六韜』『貞観政要』『周易』『東鑑』『七書』を出版した。これを伏見版といい、これに対して駿府での出版物を駿河版という。伏見の円光寺は、寛文七年（一六六七）に京都に移転したが、同寺には現在もこの時の木活字が一部残っている。

駿府に移ってからは、出版事業は金地院崇伝と林羅山が担当した。慶長一八年（一六一三）八月、江戸増上寺の源誉存応が駿河にやってきて報土寺を宿所とした。ここを家康が訪れて出版の話になった時、仏教関係では「何れの書がよからむや」と聞いたところ、存応が「大蔵一覧にしくはなく候」と答えたという。翌一九年（一六一四）八月、崇伝が『大蔵一覧』を献上したところ、家康に「是後世の重宝たるべし、幸に廿万の銅字を蓄たれば、汝惣督し刷印すべし」と命じられた。廿万は大げさだが、この銅活字は、家康が慶長一一年（一六〇六）に円光寺で鋳造させたものと思われる。しかし、伏見ではこの銅活字を使った出版は行われなかった。これはその後駿府城に移され、西の丸に保管されていたのを、この時はじめて使用したと思われる。

元和元年（一六一五）三月、家康は改めて羅山に『大蔵一覧』の刊行を命じた。このため羅山は大坂夏の陣には供奉せず、駿府城で刊行にあたった。翌二年（一六一六）二月二三日付の「覚」には、銅活字大小合せて「八万九千八百拾四」が「百箱」に入って前からあった。さらに、大小合せて「壱万参百六拾八」が、「大蔵一覧板器之時仕立候」とあるから、新たに鋳造したものと合わせて一〇〇一八二字をもって印刷したことがわかる。なお、「字木たんす壱ツ、大蔵一覧之時仕立申候。但シ木字大小五千八百八拾九入」とあるから、一部木活字も使用したのかも知れない。作業は「はんぎの衆上下十八人」「うへて、字木切、字ほり、校合《きょうごう》」と、清見寺（静岡市清水区）と臨済寺（静岡市葵区）に対して、「物書衆六、七人」を西の丸に出頭させるように命じているから、これらの職人たちによって、西の丸で出版作業が行われたと思われる。

『駿府記』によると、元和元年（一六一五）六月三十日、羅山は二条城にいた家康に、完成した『大蔵一覧集』一〇部を届けた。「文字鮮明、諸人これを称美」したとある。家康も満足して、「一部毎に朱印を押し、諸寺に寄進すべし」と命じた。この時刊行された部数は「百廿五部」であった。

これに気を良くした家康は、翌二年（一六一六）一月一九日、羅山と崇伝に『群書治要』の刊行を命じた。その翌々日、鷹狩りに出た家康が田中城で倒れた。『群書治要』は金沢文庫本を底本としたが、四七巻のうち第四、一三、二三巻が欠けていた。羅山はこれを補おうと手を尽したが、補充することができなかった。

二月二三日から、三の丸の能舞台で作業が行われることになり、そのための「諸法度」が発布された。作業時間は午前六時頃から午後六時頃まで、大声で話したり口論は禁止、「御座敷　舞台　楽屋」などでの私の細工の禁止、知人の見物の禁止などである。そして、『大蔵一覧集』の時の活字と道具が、西の丸の納戸から取り出されて作業がはじまった。崇伝と羅山は家康の容体が悪化する中、作業を急がせたが間に合わず。家康はその刊行を見ることなく没した。同書の完成については記録がなく、五月末頃と思われる。

こうして家康は、書籍の収集と文庫の経営、活字本の刊行によって、貴重な記録類を後世に残すことになった。しかし、こうした文教政策は地味であり、他の華華しい業績の陰に隠れてしまう存在であるが、もっと評価されてしかるべきと思う。

なお、こうしたことによって、活字印刷は民間にも広がっていった。これを坊刻本という。しかし、寛永中期以降衰退して、もとの整版印刷に戻ってしまった。その理由は経済面にあった。当時は一時に多数を印刷することが少なく、必要に応じて少部数を印刷するのである。これだと活字を固定化してしまい、活字の特性を活かすことができなかったからである。

家康の没後、銅活字は駿府城に置かれたままであった。将軍秀忠は書籍の刊行には全く興味を示さなかったようだ。このため、元和五年（一六一九）徳川頼宣が駿府から紀伊和歌山へ転封になると、全部和歌山城へ運び、以後和歌山藩の所蔵となったが、出版には至らなかった。現在この銅活字は凸版印刷が所蔵し、銅活字三二、一六六個は国の重要文化財に指定されている。

9　二つの大久保事件

長安事件

駿府の奉行の一人大久保長安が、下疳《げかん》（性病の一種）に悩んでいたが、慶長一八年（一六一三）四月治療のかいもなく駿府の屋敷で没した。六九歳という。長安は死にのぞんで、「金棺を作り遺骸を納め、甲州へ送り、国中の緇徒《しと》（僧侶）を集め、葬儀華麗に執《とり》行《おこなう》べし」と遺言したという。

このことを聞いた家康は機嫌を悪くし、「其遺言用ゆべからず」と命じた。また、長安配下の役人を取り調べたところ、長安の不正が明らかになり、怒った家康は駿府町奉行彦坂光正に命じて、長安配下の役人たちを獄に下し、長安が関係した諸国の調査を命じた。次々と逮捕された長安配下の役人及び家臣は、取り調べの結果多くの者が死罪または改易・諸藩お預けとなった。また、伊豆の銀山の者共が長安の不正を訴え出たが、家康は長安の没前になぜ訴え出なかったかといって怒ったという。

奉行の一人板倉重昌は、長安の金銀の一部が京都にあるという風聞によって上洛したが、長安配下の役人が預かっていたのは、銀百貫目余と茶壺七つ八つであった。しかし、調査の結果、没収して駿府城の蔵に納められたものは、金銀凡五千貫目余、その他金銀にてこしらえた道具はその数をしらずという。

長安は代官頭として直轄地の支配に当たる一方で、佐渡・石見・伊豆などの金銀山を管轄したが、その余得にあずかったものと思われる。佐渡や石見などへの道中には、妾や女中七、八〇人を召し連れ、その他お供の者二五〇人という大変な行列であったという。代官所のない所には宿泊所を新設し、荷物運搬の人馬、道中の食事等の費用は、道中の村々に負担させたという。このため「諸国の下民同じく町人、ただこれがために迷惑する」と『当代記』に記されている。なお、長安に関する一連の処分には、この不正の他に、家康の六男松平忠輝（越後福島六〇万石）を擁してキリシタンと結び、幕府を転覆しようとしたという話があるが、これは後世の創作である。

長安配下の役人や家臣に対する処分が進む中で、長安の男子七人も無事ではすまなかった。長男藤十郎は遠江掛川藩、二男外記は同横須賀藩、三男権之助は相模小田原藩に預けられ、四男運（雲）十郎・五男内膳・六男右京・七男某も各藩に預けられ、七月九日それぞれ切腹を命じられた。

十月に入ると石川康長が信濃松本八万石を改易された。理由は康長の娘が藤十郎の妻となっていたからである。さらに康長の二人の弟康勝は信濃の内一万五〇〇〇石を、紀伊守某は五〇〇〇石を改易になった。また、江戸の奉行の一人青山成重《なりしげ》は、三男権之助を養子にしていたため、一万石の内七〇〇〇石を減封されてその地位を失った。

将軍秀忠の旗本弓気多《ゆけた》昌吉と久貝《くがい》正俊も、家康の怒りをかって勘当された。これは四年前に、中村忠一が没して伯耆米子一七万五〇〇〇石が無嗣除封《じょほう》になった時、両人は検使として派遣された。この時没収した諸道具の取り扱いについて、指導を仰いだところ、江戸の年寄より大久保長安がちょうど石見国へ行くので、長安に渡すようにとの指令がきて、これを渡したのである。それが今になって、家康が曲事だといいだしたのである。

旗本鵜殿兵庫助も「その義につき改易」され、上野前橋藩主酒井重忠（『当代記』、『駿府記』は土井利勝）に預けられた。そして、兵庫助は拷問の末一言もいわずに死んだという。これは一体何を物語っているのか。「多彩な側近たち」のところで述べたように、当時政府は、表面上は大御所家康の駿府と将軍秀忠の江戸に分かれていたが、主体は駿府にあった。中村忠一の無嗣除封は家康の指令であるが、その後の処置は江戸が担当した。このため、没収した財物を大久保長安に渡すよう指示したのは、江戸の年寄である。年寄の名前はないが、年寄筆頭の大久保忠隣《ただちか》と考えられる。これも前述したが、長安に大久保姓を与えて引き立てたのは忠隣である。長安にとって忠隣は大恩人であり、長安が駿府の奉行の一人として駿府に移ってからも、この関係は続いていたと思われる。

鵜殿兵庫助に対する拷問の狙いは、没収した財物の一部が、長安から忠隣に渡ったことを立証するためのものではなかったかと思われる。当時幕府内には、家康の信任厚い本多正信・正純父子と、秀忠の信任厚い忠隣との対立があった。本多父子は長安の死とその不正を契機に、家康を動かして忠隣の失却を計ったのではないだろうか。この年の一二月、もう一つの大久保事件で忠隣は失却するのである。なお、江戸の年寄の指示は、当然将軍秀忠も承知していたはずである。それなのに家康は、四年前のことを強引に持ち出して処罰したのである。これは相当無理があると思われるが、江戸の秀忠らは、内心はともかく表立って文句をいうことはなかった。この点でも、表面上は二元的政治でも、駿府に主導権があったことが伺える。

なお、長安事件が起きた同じ五月、堺政所（奉行）を務めていた米津《よねきつ》清右衛門正勝が、下役の不正によって阿波徳島藩にお預けとなった。これが次の忠隣事件で関係者が処罰される中で、翌一九年（一六一四）二月、「長安に親しみ、奸曲ありし事、露顕する故」と死罪になった。これによっても、二つの大久保事件が密接に関連していることが伺えよう。

この長安事件には、伏線ともいうべき事件があった。「宗教政策」のところで述べた岡本大八事件である。岡本大八は駿府の筆頭年寄本多正純の与力であった。前年おこったこの事件の二度目の審理は、大久保長安の屋敷で行われ、大八は火刑となった。これは本多父子にとって大変な失点である。普通ならばただではすまないところだが、家康の信任厚い父子には何の咎もなかった。しかし、忠隣・長安への警戒と対抗心は、この事件によって強まったと思われる。

江戸幕府の内部も豊臣政権同様、家康と共に戦場を駆け回った武功派と、戦場での武功はないが、後方にあって兵站を担当し、直轄地の支配など行政的手腕にすぐれた能吏派の対立があった。酒井忠次・本多忠勝・榊原康政・井伊直政のいわゆる四天王に代表される武功派の系譜を引くのが、大久保忠隣である。それに対して能吏派の代表が本多父子である。両者の対立は世継ぎ問題あたりから表面化したと思われる。

正信は「元よりの御長子（長男信康が死去しているため）といひ、智略武勇も兼備はり給へば」といって、次男の秀康を推した。これに対して忠隣は、「争乱の時にあたりてこそ、武勇をもて主とすれ、天下を平治し給はんには、文徳にあらでは大業守成の功を保ち給はんことかたし、中納言殿には第一孝心深く、謙遜恭倹の御徳を御身に負せられ」といって、三男の秀忠を推したという。このため、秀忠の忠隣に対する信頼が強まったと思われる。駿府と江戸の二元的政治の展開の中で、主体は駿府であり、江戸の将軍秀忠や忠隣らの年寄・奉行衆は、その指令に忠実であらねばならない。家康が送り込んだ年寄正信がそれを監視している。家康に対してはともかく、その代弁者的な本多父子に対しては、わだかまりが生じるのは避けられないことであろう。

忠隣事件

二つ目の大久保事件は、大久保忠隣《ただちか》の改易である。慶長一八年（一六一三）一二月、家康が江戸から駿府に帰る途中、相模国中原で、罪を得て忠隣に預けられていた馬場八左衛門という八〇歳の老人が、忠隣が豊臣方に内通していると訴え出た。家康はただちに江戸に戻り、秀忠と協議して忠隣の改易を決めた。

忠隣は京都・大坂・堺のキリシタン取り締まりの命を受けて上洛したが、その京都の宿舎である藤堂高虎邸において、年が明けた正月、京都所司代板倉勝重から相模小田原六万五〇〇〇石の改易を伝えられた。この時忠隣は、知り合いの僧と将棋を指していたが、覚悟していたのか、勝重に指し終わるのを待ってもらい、謹しんで命に服したという。改易の理由は、「養女をもて山口伊豆守重信が妻とする事、上裁をこはず私に約を定む、忠隣既に執政の身としてかく憲法を犯す。その罪特にかろからず」ということであって、内通の件については触れていない。養女の件とは、忠隣が夫人の兄石川康通（美濃大垣五万石）の娘を養女として、山口重政の嫡子重信夫人としたことである。ところが、この婚姻について家康・秀忠の許可を得ていないとして、一八年（一六一三）一月、重政は上総・武蔵・下野の内一万五〇〇〇石を改易された。この時、忠隣には何の咎めもなかったが、忠隣は不満でしばらく病と称して江戸城に出仕しなかったという。忠隣はこの婚姻を将軍秀忠に言上して、事前に許可を得ていたという。しかし、その後養女の兄石川忠義に、横暴な振る舞いがあって秀忠の怒りを買い蟄居となった。このため、改めて結婚許可を願うべきところ、その事がなかったためという。それならば、山口重政の改易の時に、なぜ忠隣を処罰しなかったかということになる。ようするにこれはいいがかりである。

大久保長安の時も、連座制によって多くの者が処罰されたが、忠隣の場合も広く適用された。一月忠隣の三男教隆（三〇〇〇石）と四男幸信（二〇〇〇石）が改易され、長男故忠常の嫡子忠職《ただもと》（武蔵寄西二万石）と次男石川忠総（美濃大垣五万石）が蟄居となった。また、忠隣の家臣はすべて追放となった。

二月忠隣の養女（忠隣の妹の娘）の夫森川重俊（三〇〇〇石）は、上野高崎藩にお預け、同養女（村越直吉の娘）の夫日下部正冬は、上野館林藩にお預け、谷俊次は特に忠隣と親しかったため、下野板橋藩にお預け、この他八名が処罰された。

七月、佐野信吉が上野佐野三万九〇〇〇石を改易された。理由は前年一〇月兄富田信高（知勝）が、伊予宇和島一二万石を改易されたが、これに「坐したるのみならず、其身も大久保相模守忠隣が縁あり、かつ身のふるまひも不良なるゆへ」とのことである。九月里見忠義が安房館山一二万二〇〇〇石から、伯耆倉吉三万石へ削減転封された。忠義の夫人が忠隣の長男忠常の娘だったことから、連座となったようである。

忠隣は改易後、近江中村郷で五〇〇〇石を与えられ、彦根藩の監視のもと蟄居生活に入り、寛永五年（一六二八）七六歳でその生涯を閉じた。

それでは、第三者はこの事件をどのように見ているのか。豊前小倉藩主細川忠興は、嫡子忠利宛の書状に、忠隣の失脚によって「佐州（佐渡守正信）・上州（上野介正純）の出頭、これ以前には十くらひも増し申す躰に候事」と記している。伊勢津藩藤堂家の記録には、「忠隣侯ノ罪ハ、本多上野介正純讒言ニ依テ重クナリ」とある。

この件の背後に本多父子がおり、権力争いは父子の勝利に終わったということである。本多父子が家康の意向に背くはずはないので、この処分は家康の考えでもあったといえよう。『慶長年録』には、「結構なる御家老にて、御家人過半、この人の恵になつき」とある。『徳川実紀』にも、「元老なりしかば、権勢ならぶものなく、国々の大小名忠隣に親しみを求め、音信贈遺心を用ひし程に、門前車馬市をなす……忠隣もとより武夫にて世態に疎く、世に嫌疑を避る計もなさず、よて権を忌み勢を猜《そね》むもの、本多正信一人にも限べからず、忠隣権勢にまかせて、大坂の片桐（且元）等と交りを厚くし、その外上方大名にも親しみ懇なるは、非望の企あらんもはかりがたしと、側目するものも少からず」とある。

この「恵」とは何なのか、経済的な援助も含まれているのか、とすると六万五〇〇〇石ではたかがしれている。考えられるのは、全国の金銀山を支配した大久保長安との関係である。また「御家人過半」「国々の大小名」に大変人気があり、「門前車馬市をなす」状態は、権力の集中をはかる家康に、危機感を抱かせたのではないか。「家康の趣味」のところで述べたが、家康が設けた禁猟地の鳥を駆除した、関東総奉行の青山忠成と内藤清成を処罰しようとした。両人は繁殖した鳥に作物を荒らされた周辺農民が困っていたからで、理は両人にあった。しかし、家康は幕府の基礎はまだ脆弱であり、これを磐石なものにするためには、家康一人に権力を集中して、幕政を推進すべきであると考えていた。そのためには、江戸の将軍秀忠以下も、駿府の命令には絶対服従しなければならないということである。このためには、道理に反しても、ことを押し通すことを考えていたのではないか。家康にとって忠隣の行動は、目にあまると映ったのであろう。一方で本多父子に対しては、絶大な信頼を寄せていたのであろう。

「世に嫌疑を避る計もなさず」とあるように、忠隣は日頃の態度に慎重さを欠いていたのである。これに対して、本多正信は自分の立場をよく心得、謙虚であった。天正一八年（一五九〇）に関東に移った際、上野八幡一万石を与えられたが、その後は加増を辞退した。『藩翰譜』には、「年頃御恩に潤うて、家富まずといへども又貧しからず、一生の計ここに足りぬ。若かりし時だにも、弓箭・打物取ってさせる高名なく、齢既に傾きぬ……今正信に賜はらん所を以て勇力の士に充て行なはれ」たらよいといって固辞したとある。しかし、元和元年（一六一五）頃加増を受けて二万二〇〇〇石になったが、その功績と家康からの絶大な信任からすれば、一〇万石を与えられてもおかしくはなかったと思われる。

嫡子正純は父正信とは別タイプの能吏で、家康の信任を得て駿府の年寄筆頭となり、別に下野小山三万三〇〇〇石を与えられた。正信は死の直前将軍秀忠に、「正信の奉公の労を忘れ給はで、長く子孫の絶えざらん事を思召さば、嫡子上野介が所領、今の儘にてこそ候ふべけれ、必ず余多賜ふべからず」と願ったという。当然正純にも高禄を望まず、身を慎むことを遺言したであろう。『武野燭談』には、「其方も後々、品高く召使はるるとも驕る心少しもあらば、不忠不孝の至なり」と戒めたとある。しかし、正純は父正信とは違った。元和五年（一六一九）一挙に下野宇都宮一五万五〇〇〇石を与えられてこれを受けた。そして、同八年、俗にいうところの「宇都宮の釣天井事件」で改易となった。

『武野燭談』に次のような話がある。後にこのような改易について、「強き御政務なり」という人がいた。これを聞いた江戸の年寄の一人であった土井利勝は、「今天下創業の御政務なれば、先ず御譜代の者よりして、厳しく戒め置かるる所、天下の恐るる所以にして、御譜代の者は、別して其の罪深し、是れ上に御威光ましますなり」といったという。さすがに利勝は物事がよくわかっている。家康・秀忠・家光三代の信任を得て下総古河一六万石を領し、大老になっただけのことはある。

家康は忠隣改易による幕府内の動揺を懸念して、二月に秀忠側近の年寄酒井忠世・御留守居酒井忠利・土井利勝・安藤重信・老中（後の若年寄）水野忠元・井上正就・江戸町奉行米津田政・島田利正の八人に誓書を提出させた。この中には、江戸の年寄の一人である本多正信が入っていない。ここにも事件の本質の何かがわかろう。誓書の要旨は、両御所（家康・秀忠）の為にならないことはすべからず。忠隣父子等と音信すべからず。訴訟については、親子兄弟であろうと依怙《えこ》贔屓《ひいき》すべからず。会議の席では、善悪によらずかくすことなく発言すべし。両御所の命令は、ゆるしがないうちは他言すべからず、というものであった。こうして家康は、多少強引ではあったが、幕府内の指揮命令系統の一本化を強め、対豊臣政策を進めることになったのである。

10　強き御政務　―大名統制―

改易と転封

関ヶ原の勝利の後、家康にとって最大の課題は、大名の統制にあった。これは、家康が構想する、江戸幕府の根幹にかかわる問題でもあった。関ヶ原の勝利によって、石田三成方についた大名八七人を改易、上杉景勝と毛利輝元を減封して、約五八〇万石を没収した。そして、翌慶長六年（一六〇一）にかけて全国的な大名の配置転換を行った。

その重点は、江戸と京都を結ぶ東海道筋の豊臣系大名（外様大名）を、京・大坂以西に移し、そのあとに一門・譜代大名を配置することであった。すなわち、駿府の中村忠一（一四万五〇〇〇石）を伯耆米子一七万五〇〇〇石へ、遠江掛川の山内一豊（六万八〇〇〇石）を土佐浦戸（高知）二〇万二六〇〇石へ、同横須賀の有馬豊氏（三万石）を丹波福知山六万石へ、同浜松の堀尾吉晴・忠氏（一八万石）を出雲富田《とだ》（松江）二四万石へ、三河吉田の池田輝政（一五万二〇〇〇石）を播磨姫路五二万石へ、同岡崎の田中吉政

（一〇万石）を筑後柳河三二万五〇〇〇石へ、尾張清洲の福島正則（二四万石）を安芸広島四九万八二二〇石へ、近江大津の京極高次（六万石）を若狭小浜八万五〇〇〇石へ転封《てんぽう》させた。この転封は、味方した豊臣系大名に論功行賞によって加増しながら、新領地は山陰・山陽・四国・九州であった。

これらの改易と転封によって空いた駿河沼津には、大久保忠佐（二万石）、同興国寺には天野康景（一万石）、同田中には酒井忠利（一万石）、駿府には内藤信成（四万石）、遠江掛川には松平（久松）定勝（三万石）、同横須賀には松平（大須賀）忠政（五万五〇〇〇石）、同浜松には松平（桜井）忠頼（五万石）、三河吉田には松平（竹谷）家清（三万石）、同岡崎には本多康重（五万一五〇〇石）、同西尾には本多康俊（二万石）、同田原には戸田尊次（一万石）尾張清洲には家康の四男松平忠吉（五二万石）、伊勢桑名には本多忠勝（一〇万石）、同長島には菅沼定仍《さだより》（二万石）、美濃加納には奥平信昌（一〇万石）、同大垣には石川康通（五万石）、近江佐和山（彦根）には井伊直政（一八万石）、同大津（膳所《ぜぜ》）には戸田一西（三万石）を配置した。いずれも一門・譜代大名である。

家康は関ヶ原に関係した改易と転封が一段落した後も、ことあるごとに、改易と転封による大名統制を推し進めていった。慶長七年から、その没する元和二年（一六一六）四月までの一四年間の改易は、一門・譜代大名一一家、外様大名二四家の三五家。転封は一門・譜代大名二五家、外様大名一七家の四二家にのぼった。その没収高は、減封四家と本家を継いだため収公された五家を合わせて、約四一五万石に及ぶ。これは歴代の将軍中最多である。しかも家康はすでに関ヶ原関係で約五八〇万石を没収しているのである。『武野燭談』は、このような大名に対する政策を、「強き御政務」と記している。

家康の改易の特徴は無嗣除封《むしじょほう》にある。無嗣除封とは、大名が跡継ぎを定めないまま死を迎えた場合、末期養子を認めないため改易となることである。将軍の立場からは、跡継ぎを決めないのは、奉公に怠りがあったと見なすからである。一方大名の立場からは、人情として実子に跡を譲りたい。養子をとった後に実子が生まれたら面倒なことになるため、つい一日延ばしに引き延ばすことになるということである。

無嗣除封は諸大名も家臣に対して行っているが、家康は特に厳しかったと思われる。慶長七年（一六〇二）の小早川秀秋（備前岡山五一万石）にはじまり、五男の武田信吉（常陸水戸一五万石）・四男の松平忠吉（尾張清洲五二万石）・中村忠一（伯耆米子一七万五〇〇〇石）・金森長光（美濃上有知二万三〇〇〇石）・松平（竹谷）忠清（三河吉田三万石）・大久保忠佐（駿河沼津二万石）と七家で、これに尾張徳川家の付家老平岩親吉（犬山一二万三〇〇〇石）を加えれば八家となる。そして、これには我が子であろうと譜代・外様であろうと、容赦しない厳しさがあった。この方針は二代秀忠・三代家光と受け継がれた。この二代の時代は、無嗣除封が改易の理由の約六〇％を占めるまでになった。改易は単に大名個人の問題だけでなく、多くの家臣が牢人することでもあった。これが大きな社会問題になった。このため、一一歳で将軍に就任した四代家綱の幕閣は、由比正雪の反乱事件（慶安の変）を契機に、末期養子の禁を緩和した。

家康の「強き御政務」は、駿府に移り大御所政治の展開の中で顕在化する。それは対大名ばかりでなく、朝廷政策や宗教政策においても見られるのである。

こうした改易と転封によって、家康は慶長一九年（一六一四）の大坂冬の陣直前までに、大坂城の周辺に一門・譜代大名を次のように配置した。山城伏見に松平（久松）定勝（五万石）・丹波亀山に岡部長盛（三万四〇〇〇石）・同篠山に松平（松井）康重（五万石）、また近江には前述の大津・彦根に加えて、長浜に内藤信正（信成の子、四万石）を配置した。この他、伊勢津の富田信高を伊予宇和島へ転封させて、代わりに伊予今治二二万石の藤堂高虎を配置した。高虎の所領には大和国に臨接する伊賀一国が入っていた。高虎は「駿府を訪れた人びと」のところでも述べたように、外様大名とはいえ、家康の信頼が厚く譜代同様に扱われた人物である。これによって、不完全ではあるが大坂包囲網が形成された。

人質と手伝普請

大名が妻子を江戸の藩邸に居住させ、大名本人は江戸と領地を隔年で参勤する参勤交代制も、大名統制の一つである。ただし、これは家康が強制したものではない。人質としての妻子の江戸居住は、藤堂高虎の進言により、高虎自身もはじめ弟正高を、ついで妻子を江戸に居住させたのにはじまるという。家康が喜びそうなことをやるのは、外様大名にとっては御家の安泰につながるから、他の大名もこれに追随する。こうして強制しなくても、次第に制度化されていくものもあった。元和元年制定の『武家諸法度』第九条に、「諸大名参勤作法の事」があるので、この頃には参勤交代が定着したものと思われる。ただし、隔年参勤となったのは、三代家光が改定した寛永の『武家諸法度』からである。

家康は江戸城・駿府城・名古屋城などの築城工事を、大名に手伝わせた。これを御手伝普請という。これも将軍の御恩に対する奉公で、軍事上の負担である軍役《ぐんやく》の一つである。その意味では参勤交代も軍役の一つといえよう。なぜならば、一定期間家臣を引き連れて江戸に滞在することは、江戸の防備・警備にあたることになるからである。

家康は慶長八年（一六〇三）二月、征夷大将軍に就任すると、翌三月から諸大名を動員して、江戸市街地と江戸城の拡張工事をはじめた。さらに九年(一六〇四)彦根城の築城、一〇年(一六〇五)には伏見城の修築を行っている。一二年(一六〇七)駿府城を大改築して移ってからも、翌一三年(一六〇八)に丹波篠山城の築城、一五年(一六一〇)に名古屋城の築城と続いた。これらは大名にとって大きな負担であった。

名古屋築城の時のことである。福島正則が池田輝政に、「近年江戸駿河両城の経営ありて、諸大名みなこれがため疲弊せり、されどいづれも天下府城の事なれば、誰も労せりともおぼえざるなり、この名古屋城は末々の公達の居城なるを、これまで我等に営築せしめらるるはあまりの事なり、御辺は幸大御所の御ちなみもあれば(夫人は家康の次女督姫)、諸人の為にこの旨言上せられよ」といった。輝政が無言でいると、加藤清正が「経営をいとはるるならば、人に議するまでもなし、はやく自国に馳せかへり兵を起さるべし、さる事もなりがたくば台命に違ひて、えうなきことといひ給ひそ」といって、正則を戒めたという。

慶長一九年(一六一四)一〇月四日、江戸城の石垣修築にあたっていた西国大名にも、大坂出陣の命が下った。池田利隆(輝政の嫡子)・浅野長晟・鍋島勝茂らは、京都までやってきたが、これまでの修築費用がかさんだため、軍費が欠乏して困惑した。これを側近の後藤光次から聞いた家康は、ただちに銀二〇〇貫目ずつを貸し与え、その他の大名にも貸与したという。御手伝普請の負担は、このように戦闘に直接影響したのである。

法による統制

家康はこうして大名に対する統制を進める中で、さらに大名に対して法による縛りを加えた。慶長一六年（一六一一）後水尾天皇の即位に際して上洛し、四月一二日即位の大礼が終わった後、在京の諸大名を二条城に集めた。そして、林羅山に起草させた三カ条からなる条々を示し、誓紙を提出させた。

第一条は鎌倉右大将家（源頼朝）このかた、代々の将軍家の法令を守り、さらに江戸の将軍秀忠が定める法令も守ること。第二条は法令に背き、上意に違う者を領内に隠し置くべからず。第三条は各大名が召抱えている武士が、もし反逆または殺傷したとのことを訴える者があったならば、その者を召抱えてはならないというものである。このうち二条と三条は、後の『武家諸法度』に受け継がれることになる。この時誓紙を提出した大名は、北陸・近畿・中国・四国・九州の有力外様大名二一名と、一門の松平忠直であった。当時江戸城の御手伝普請で、京都にいなかった東国の外様大名一〇人と、関東・甲信越の譜代・外様大名五〇人が、翌一七年（一六一二）正月に提出して臣従を誓った。しかし、当然のことながら、大坂の豊臣秀頼は提出していない。豊臣家は幕府の外の存在であり、家康にとってこのような特別な存在は、早晩解決しなければならない問題であった。

元和元年（一六一五）五月、大坂夏の陣で豊臣家を滅ぼした家康は、閏六月『一国一城令』を発した。もっともこれは、家康が伏見に滞在していた将軍秀忠に命じ、秀忠が江戸の年寄衆に命じて、個々の大名に発令したものである。「貴殿御分国中、居城をハ残し置かれ、その外の城はことごとく破却あるべきの旨、上意ニ候。右の通、諸国へ申し触れ候あいだ、その御心得なさるべく候」とある。家康はかねがね、諸大名が城郭の新築や修築をすることを嫌った。『徳川実紀』には、慶長一四年（一六〇九）正月頃のこととして、「この頃中国西国の諸大名等、居城堅固に修築するものあるよし聞召、御けしきかなはず」とある。ましてや支城などは、害あって益なしと思っていたのであろう。大坂夏の陣を最後に、戦乱の時代が終わったことを「元和偃武《えんぶ》」というが、このタイミングでの発令は家康ならではであろう。目的は大名の軍事力の弱体化にあるが、大名にとっても有力家臣の城を取り上げることになり、家臣団の統制に寄与することになった。

家康は続いて翌七月七日、金地院崇伝に起草させた『武家諸法度』一三カ条を、将軍秀忠の名で発布した。この日伏見城に集められた諸大名は、崇伝からこの条文を読み聞かされた。第一条は「文武弓馬の道、専ら相嗜むべき事」。第三条は「法度に背く輩、国々に隠し置くべからざる事」。第四条は「国々大名小名并に諸給人（大名の家臣）、各々相抱ゆるの士卒、反逆殺害人たるを告ぐる有らば、速かに追い出すべき事」。この三条と四条は、前述の三カ条の第二条と三条を受けたものである。第六条は「諸国の居城、修補をなすと雖も、必ず言上すべし、況んや新儀の構営堅く停止せしむ事」。これは『一国一城令』に続くものである。第七条は「隣国に於て新儀を企て、徒党を結ぶ者これ有らば、早速言上致すべき事」。第八条は「私に婚姻を結ぶべからざる事」。第九条は「諸大名参勤作法の事」。第一二条は「諸国の諸侍倹約を用いらるべき事」。第一三条は「国主は政務の器用を撰ぶべき事」である。慶長一六年（一六一一）の三カ条の各々の時は、大名に誓紙を提出させたが、『武家諸法度』では誓紙をとらなかった。つまり、諸大名は家康が発令したものは守って当然、誓紙をとるまでもないということである。三カ条の時は、大坂の豊臣秀頼が健在で対象外であったが、その豊臣家が滅びたことによって例外がなくなり、家康の権力が確立したからである。

家号の賜与と政略結婚

家康はこうして大名に対する統制を強めていったが、その一方で懐柔策もとっている。

すなわち、偏諱《へんき》（諱《いみな》の一字）・御家号の賜与と政略結婚である。諱（実名）の一字を与える偏諱は、家康自身元服の時、今川義元から「元」の字を与えられて松平元信と名乗っている。秀忠の「秀」も豊臣秀吉から与えられたものである。家康も譜代の榊原康政や酒井家次、外様大名の最上家親や島津家久らに一字を与えている。しかし、慶長一一年（一六〇六）六月島津家久に与えたのを最後に、以後は将軍秀忠にこれを譲った。外様大名の堀忠俊・山内忠義・堀尾忠晴・伊達忠宗などの「忠」は、秀忠から与えられたものである。松平の御家号の賜与は、豊臣秀吉が諸大名に羽柴姓を与えたのにならったものである。

家康の場合は旧姓である松平を、慶長一〇年（一六〇五）五月に前田利長の嫡子利常に与えたのが最初と思われる。以後は将軍である秀忠が行った。与えられた大名は、堀忠俊・蒲生秀行・池田利隆・中村忠一・伊達政宗・毛利秀就・山内忠義・黒田忠之・蜂須賀至鎮《よししげ》・島津家久・鍋島忠直である。彼等は以後公的には松平を称することになる。前田利常ならば松平筑前守、鍋島忠直ならば松平肥前守である。彼等のほとんどが、秀吉の時代には羽柴を称しており、江戸幕府の崩壊とともに本姓に復しているから、きわめて政治的なものであったといえよう。この一二家は有力な外様大名であり、島津を除けば、家康や秀忠の娘か養女を夫人に迎えている。こうした中で細川忠興だけは、元和元年

（一六一五）一二月に、駿府城で家康から細川に復するようにいわれるまで、羽柴を称していた。その直後江戸城に登った忠興は、将軍秀忠の側近土井利勝から、松平の称号を申請するようにいわれたが、これを辞退した。有力な外様大名でありながら、細川家が松平を称していないのはこのためである。

政略結婚は日常茶飯事のことで、家康や秀忠自身も政略結婚である。家康の正室築山殿は今川義元の姪であり、継室の朝日（旭）姫は豊臣秀吉の妹である。秀忠の正室お江与（小督《おごう》）も秀吉の側室淀殿の妹である。当然のことながら、家康もその娘や養女を、さらに秀忠の娘や養女も利用した。家康には五人の娘がいたが、早世した二人を除く三人と、養女一〇人を政略結婚に利用した。秀忠は五人の娘の内四人と養女六人を利用した。次に列記するが、これらは家康が没する元和二年（一六一六）までのものである。

家康長女亀姫　奥平信昌（三河新城城主、後宇都宮一〇万石）
〃次女督姫　北条氏直（小田原城主）北条氏滅亡後
　　池田輝政（三河吉田一五万石、後姫路五二万石）
〃三女振姫　蒲生秀行（会津六〇万石）没後
　　浅野長晟（和歌山三七万石）

〃養女　　　　　加藤清正（熊本二五万石、後五一万石余）
（生母はお大の方の弟水野忠重の娘）
〃養女連姫　　有馬豊氏（丹後福知山六万石）
（長沢松平康直の長女、康直の生母は家康の妹矢田姫）
〃養女栄姫　　黒田長政（福岡五二万石余）
（保科正直の娘、生母は家康の異母妹多劫姫）
〃養女氏姫　　蜂須賀至鎮（徳島一七万石余）
（万姫、小笠原秀政の長女、生母は岡崎信康の長女）
〃養女　　　　鍋島勝茂（佐賀三五万石余）
（岡部長盛の長女）
〃養女名阿姫　山内忠義（高知二〇万石余）
（久松松平定勝の次女）
〃養女満天姫　福島正則の嫡子正之（広島四九万石余）没後
津軽信枚（弘前四万石余）
〃養女　　　　田中忠政（筑後柳川三二万石余）没後
（久松松平康元の四女）

大給松平成重（三河西尾二万石）
（久松松平康元の五女）
〃養女　中村忠一（伯耆米子一七万石余）没後
毛利秀元（長門長府五万石）
（久松松平康元の六女、はじめ秀忠の養女）
〃養女国姫　堀　忠俊（越後福島四五万石）改易後
有馬直純（肥前日野江四万石）
（本多忠政の長女、生母は岡崎信康の次女）
秀忠長女千姫　豊臣秀頼　滅亡後
本多忠刻（姫路の内一〇万石）
〃次女子々姫（大姫、珠姫）前田利常（金沢一一九万石余）
〃三女勝姫　松平忠直（越前北庄六七万石）
〃四女初姫　京極忠高（若狭小浜九万石余）
〃養女　池田利隆（姫路四二万石）
（榊原康政の次女）

〃養女　　　　（中村忠一、没後、家康の養女として毛利秀元）
（久松松平康元の六女）
〃養女土佐姫　毛利秀就（長門萩三六万石余）
（松平秀康の次女）
〃養女千代姫　細川忠利（小倉三九万石余）
（小笠原秀政の次女、生母は岡崎信康の長女）
〃養女　　　　加藤忠広（熊本五一万石余）
（蒲生秀行の娘、生母は家康の三女振姫）
〃養女　　　　堀尾忠晴（出雲松江二四万石）
（奥平家昌の娘、祖母は家康の長女亀姫）

家康と秀忠の養女一六人は、養女といっても、岡部長盛の長女と榊原康政の次女以外は、家康の血族である。松平（久松）康元と定勝は家康の異父弟である。また、岡部長盛の長女の生母は、松平（竹谷）清宗の娘であるが、その死後長盛は康元の長女を継室とした。このため長女もこれに準ずることになる。家康も秀忠もただ闇雲に養女にしたわけではないのである。

この二三人の姫は二九人の大名と結婚している。大名の方が多いのは、夫である大名が没したり改易になると、再婚させられたからである。堀忠俊夫人となった家康の養女国姫は、忠俊が改易されると離婚となり、一年もたたないうちに有馬直純に再嫁させられている。彼女たちはようするに政略のための道具として利用されたのである。それは当時の女性たちの宿命でもあった。なお、養女となった姫たちは、嫁ぐにあたって一〇〇〇石から七〇〇〇石の化粧料を与えられた。ようするに持参金である。また、家康の息子たちも政略結婚と無縁ではなかった。六男の忠輝夫人は伊達政宗の長女五郎八《いろは》姫、九男義直夫人は浅野幸長《よしなが》の次女春姫、十男頼宣夫人は加藤清正の三女である。これらの顔ぶれを見れば、当時の有力外様大名のほとんどが、家康・秀忠の縁戚となったことがわかろう。

伊達政宗は長女の五郎八姫を忠輝夫人にしたが、さらに家康の五女市姫と嫡子忠宗との婚約が決まって喜んだ。これで御家安泰と思ったのであろう。しかし、市姫が慶長一五年（一六一〇）わずか四歳で夭逝した。「政宗がなげき大方ならず」であった。しかも元和二年（一六一六）には、忠輝が改易されて五郎八姫が戻ってきたのである。政宗としては、何としても徳川家との姻戚関係を保ちたかったのであろう。幸い翌三年（一六一七）忠宗は将軍秀忠の養女振姫（池田輝政の次女）と結婚することになり、政宗の願いはかなえられた。

池田輝政は家康の次女督姫を夫人とし、嫡子利隆は秀忠の養女（榊原康政の次女）を夫人としている。父子で家康・秀忠父子の娘を夫人としたわけである。池田家は外様大名でありながら五家が大名になるなど、優遇されたのはこのようなことも関係したのではないかと思われる。これらの姫を迎えた大名たちは、これで御家は安泰と思いつつも、一抹の不安を抱えていたと思われる。それは夫人を通して藩内の事情が幕府に漏れるからである。毛利輝元は、将軍秀忠の養女土佐姫を夫人に迎えた嫡子秀就に対して、何かあればすぐ将軍の耳に入るから、あとで取り返しのつかないことにならないよう、内心では御主人様同様と心得るようにと戒めている。姫を迎えた大名たちは、手放しで喜んでいたわけではなく、細心の注意をはらって接していたのであろう。

これらの懐柔策は、結果を見れば十分に効果があったといえよう。関ヶ原の戦いでは、家康の娘や養女を夫人とした池田輝政・蒲生秀行・加藤清正・蜂須賀至鎮・黒田長政・有馬豊氏は、義父である家康方として戦っている。その後夫人を迎えた大名たちも、御手伝普請や大坂の陣などの軍役に励み、謀叛などは考えもしなかったであろう。しかし、だからといって家康は甘くはなかった。家康・秀忠の娘や養女を夫人とした外様大名は二〇家・二三人である。このうち家康は中村忠一と掘忠俊を改易した。秀忠は福島正則・田中忠政・蒲生秀行のあとを継いだ忠郷を改易した。三代家光は加藤忠広と掘尾忠晴を改易した。合計七家である。このうち加藤家は清正が家康の養女を、嫡子忠広が秀忠の養女を夫人としている。さらに清正の三女は家康の十男頼宣の夫人となっているのである。

家康・秀忠・家光の初期三代は、大名に隙があれば改易の対象にしたのである。たとえその大名家と姻戚関係にあったとしてでもである。それがまた政略結婚の政略たる所以であろう。以上見てきたように、家康は飴と鞭を巧みに使い大名を統制したといえよう。

11　大坂への道　―豊臣対策―

豊臣家の立場

家康は当初から、豊臣家を滅ぼそうと考えていたかというと、そうではなかったと思われる。関ヶ原の勝利によって、事実上天下を取ったといっても、豊臣家を倒したわけではない。豊臣政権内で対立していた石田三成派を、排除したのであって、豊臣政権内の五大老として、幼少の秀頼を後見して、政務をとるという形には変わりはなかったのである。それは「なぜ駿府なのか」で述べたように、家康は慶長七、八年と大坂城に登城して、秀頼に新年の挨拶をしており、諸大名に対しても、自分よりまず秀頼に挨拶するように命じていることからも、うかがえることである。

このような状況が変化する最初の契機は、慶長八年（一六〇三）二月の征夷大将軍就任であった。これによって、武家の棟梁として、名実共に天下人となった家康は、以後秀頼に対する新年の挨拶をやめた。これは豊臣家にとっては衝撃であったと思われる。家康はそのことを考慮してか、故太閤秀吉との約束であった、秀忠の長女千姫を、七月秀頼夫人として大坂城に送った。秀頼一一歳、千姫七歳であった。豊臣家は秀吉でさえ一目置いた家康である。その一代は政権を委ねても仕方のないことと思ったのではないか。なお、この時福島正則が中心になって、「故太閤恩顧の大小名を城中に会集し、今より後秀頼公に対し二心いだくべからざる旨、盟書を捧げ血盟」したという。外様大名の中でも、秀吉恩顧の大名たちの多くは、この段階ではまだ豊臣家に対する忠誠心を失ってはいなかったのである。

一方で外様大名でも旧族大名、すなわち秀吉の天下統一の過程で服属した戦国大名は、どのような考えを持っていたのであろうか。その一人である伊達政宗は、茶人で秀吉・家康に仕えた今井宗薫に宛てた慶長六年（一六〇一）四月の書状で、次のようなことをいっている。「秀頼様が御幼少の間は、江戸か伏見か、内府様（家康）の御側におき、御成人したならば、内府様の御分別しだいにしたらよい。いかに太閤様の御子といえども、日本の政治をとる能力がないと判断したならば、御国の二、三ヶ国も与えられたらよいと思う。今のように大坂に置いていては、いつなんどき世のいたずら者が出てきて、秀頼様をかつぎ上げて、謀叛を起すことにでもなれば、秀頼様も腹を切らねばならず、太閤様の亡魂のためにもよろしくないと思う」。さすが戦国乱世の荒波を乗り切ってきた政宗である。秀頼の置かれた立場を的確に認識している。しかし、だからといって、自身が両者の間に立とうとはしなかった。そこに旧族大名の限界があったといえよう。また、秀頼の悲劇は生母淀殿をはじめ、側近たちに情勢を的確に判断できる人物を欠いたところにあったといえよう。

翌九年（一六〇四）八月、秀吉の七回忌にあたり、豊国社の臨時大祭が行われた。家康もこれに協力したが、『豊国祭図屏風』に描かれているように、派手好きであった秀吉好みの盛大な祭礼となった。『当代記』には、「見物の上下幾千万と云数《いうかず》を知らず」とある。「但し伏見在の大名小名の見物これ無し」とあって、大名たちは祭礼に使う馬は提供したが、伏見城にいる家康を憚ってか、見物する大名はいなかったという。この祭礼奉行を務めた片桐且元が、神事を務めた神竜院梵舜と共に、伏見城の家康に報告に来た時、家康は「御けしきことにうるはし」かったという。しかし、祭礼でわかったように、上方での秀吉の人気の高さを、家康は改めて感じとったであろう。

二度目の契機は同一〇年（一六〇五）四月であった。上洛した家康は、三男秀忠に将軍職を譲って大御所となった。これによって、家康は幕府は自分一代ではなく、徳川家が世襲することを宣言したのである。家康一代と甘い考えをしていた豊臣家にとって衝撃であった。この時、家康は高台院（秀吉の正室北政所おね）を通じて、秀頼に久しく対面していないので、伏見城に来るよう要請した。これに対して淀殿は激怒して、「ゆめ〳〵あるまじきことなり、もし強て秀頼上洛をすすめらるるに於ては、秀頼母子とも大坂にて自殺すべき」と答えたという。これによって、京・大坂では「戦争おこらん事近きにありとて、老たるをたすけ幼きをたづさへて、家財を山林に持運び、騒動なゝめならず」状況になった。このため、家康は無理押しすることなく、六男忠輝を新将軍秀忠の名代として、大坂城に遣わして秀頼に挨拶させた。これによって騒動もおさまったという。

家康はかつて、天下の情勢を見極め、これ以上の抵抗は身の破滅と考え、秀吉の妹朝日姫を夫人に迎えて秀吉の臣下となった。これを今度は豊臣家に求めたのだと思う。豊臣家が置かれた立場を理解して、その願望である政権の回復を諦めて、徳川家の臣下になるならば、それなりの処遇をしようと思っていたと思われる。京都で秀吉の菩提を弔っていた高台院は、これをよく理解して間に立ったものと思われる。しかし、気位が高く秀頼を溺愛している淀殿は、これを理解できなかった。あるいは理解しようとしなかった。そして側近たちも、理解できなかったのか、それともあえて諌言するだけの人物がいなかったのか、生き残りの機会を逃した。

二条城の会見

豊臣家が徳川家に対する立場を変化させる三度目の契機は、慶長一六年（一六一一）にやってきた。この年の家康の上洛には、五つの目的があった。その一つは、後陽成天皇の譲位と後水尾天皇の即位を滞りなく行うことである。二つ目は、諸大名を動員しての内裏の造営である。三つ目は「朝廷政策」のところで述べたように、慶長一一年（一六〇六）に武家の官位は、家康の推挙がなければ叙任しないように奏請したが、今度は武家の官位を、朝廷の官位の枠外におくことを奏請することである。四つ目は「大名統制」のところで述べたが、諸大名に対して三カ条の条々を示して、誓紙を提出させることである。

そして五つ目は、慶長一〇年（一六〇五）にできなかった秀頼との会見である。後陽成天皇が譲位した三月二七日、豊臣秀頼が大坂城を出て京都の二条城へ向かった。家康は淀殿の伯父織田有楽《うらく》（長益、信長の弟）を通じて、「秀頼とは久しく対面していないので、その成長した姿を見たいから上洛してほしい。孫娘の千姫が嫁いでいるから、会うことによって両家がさらにむつまじくなれば、世間もおだやかになり、天下太平のもとともなるから」といって、上洛を促した。淀殿・秀頼母子は、慶長四年（一五九九）正月に伏見城から大坂城に移って以来、一歩も大坂城を出ていない。それは秀吉亡きあと世が大きく変わり、秀頼にどんな危難がふりかかるかわからないと、淀殿が心配したからであるという。淀殿は今回も秀頼の上洛に反対した。これを知った高台院は、今度も上洛を断れば大変なことになると思い、大坂城へ行って母子を説得した。また、加藤清正や浅野幸長《よしなが》などの豊臣恩顧の大名たちも説得にあたった。このため、淀殿も折れて上洛となったのである。

秀頼は織田有楽・片桐且元・貞隆兄弟・大野治長など三〇人ほどをお供に、船で淀まで行きここで宿泊、翌二八日家康の九男義直と十男頼宣の出迎えを受け、京都の片桐且元邸で衣服を改め、二条城へ向かった。家康は庭まで出てきて秀頼を丁重に迎えた。家康が秀頼に会うのは、慶長八年（一六〇三）二月以来八年ぶりのことである。挨拶のあと饗宴と贈物のやりとりとなった。この席には高台院もやってきて相伴にあずかっている。この間加藤清正と浅野幸長は、秀頼の側を離れず周囲に目をくばっていたという。清正は頃合いを見て、「大坂の母君も待わび給ふべし、はや御暇を」と秀頼をうながすと、家康もこれに応じたため、約二時間程の会見が終わった。

この時、福島正則は病の床に臥せっていて参加できなかった。三年前の二月、秀頼が重い疱瘡（天然痘）にかかった時、西国の諸大名は、家康を憚って密かに見舞ったというが、正則はいち早く駆け付け、日々その看病にあたったというから、今回は警固にも付けない我が身のふがいなさを嘆いていたであろう。秀頼はこの後、豊国社に参拝して大坂城に戻った。『当代記』は、「大坂の上下万民の儀は申すにおよばず、京畿の庶民の悦び只この事也」と記している。清正は大坂まで秀頼を送り屋敷に戻ると、懐より短刀を取り出して、鞘より抜いて押しいただき、涙を流しながら、「太閤の御恩に報い参らする事、今日すでに訖《おわ》んぬ」と独言をいったという。その三カ月後、熊本に帰っていた清正は五一年の生涯を閉じた。あまりにも急な死であったため、毒殺が噂された。浅野幸長も二年後三八歳で没している。

家康はこうして五つの目的を達したが、この頃京都に落首があった。「御所柿は独り熟して落にけり　木の下に居て拾ふ秀頼」というものである。「御所柿」とは大御所家康のことで、「熟して落にけり」とは、老齢のため没するということである。「木の下」とは豊臣家の旧姓木下にかけたもので、高齢の家康は早晩亡くなり、若い秀頼が天下を握るという意味である。京都所司代板倉勝重が犯人捜しをしようとしたところ、家康は「捨ておけ、予の心得となるものもある」といってこれを止めた。しかし、この落首は、家康の唯一の弱点である高齢をついたものであった。この年家康は七〇歳、秀頼は一九歳である。家康と同世代の大名たちも鬼籍に入っている。家康は天文一一年（一五四二）の生まれであるが、同七年（一五三八）生まれの前田利家は六二歳で、同一五年（一五四六）生まれの黒田孝高《よしたか》（如水）は五九歳で、同一六年（一五四七）生まれの浅野長政も、この四月六五歳で病没している。「人間五十年」といわれた時代である。家康もいつ没してもおかしくない年齢である。それに比べて秀頼は立派に成長しているのである。

今度やっと秀頼が家康のもとを訪れて、臣下の礼をとったものの、諸大名が三カ条に対して、誓紙を提出したのに対して、秀頼は提出していない。慶長一一年（一六〇六）以降、武家の官位は家康の推挙がなければ、叙任できないことになったが、秀頼の配下については秀頼が叙任権を握っていた。諸大名の新年の挨拶は、慶長一〇年代になると家康や秀忠に対して行われ、秀頼のもとでは見られなくなった。しかし、朝廷では相変わらず勅使を大坂に派遣しており、親王や公家も訪問していた。すなわち、太閤秀吉の遺児秀頼は特別な存在であり、極端な見方をするならば、これは二重政権でもあるといえる。このような特別な存在は、家康（幕府）にとっては廃除しなければならないものであった。家康が自身の年齢を考え、また幕府の今後を考えた時、早晩豊臣家の問題を解決しなければと決意したのは、この頃からではないかと思われる。一方で豊臣家もやっと臣下の礼をとり、一歩を踏み出したが、さらに二歩三歩と譲歩することができるかが、その存続にかかわる問題であった。

家康の決意

淀殿・秀頼母子は、秀吉の菩提を弔うためと、次第に薄れゆく豊臣家の威信を維持するため、畿内およびその周辺諸国の神社仏閣の再建や、修築を進めていた。これは家康の勧めもあったという。家康にとって、大坂城に蓄えられている莫大な秀吉の遺金は、ことあれば軍資金となる。その消耗をはかることは当然なことであった。この頃の工事の中心は、京都方広寺の再建であった。方広寺は秀吉が建立した大寺院で、大仏も木像ではあったが、東大寺の大仏を上回る大規模なものであった。しかし、慶長元年（一五九六）の伏見の大地震で倒壊してしまった。母子はその再建にとりかかり、大仏も金銅像としてほぼ完成に近づいたが、同七年（一六〇二）一二月鋳物師の過ちによる火災で、大仏殿もろとも焼けてしまった。このため、さらに一三年（一六〇八）から再建のための準備が進められ、翌一四年（一六〇九）から工事が始まった。これには西国の大名たちも米を送って援助している。しかし、その費用は莫大で、秀吉が貯蔵した「黄金の千枚吹のふんとう（分銅）」も使われ、「太閤の御貯の金銀、この時払底あるべし」といわれた。皮肉なことに、こうして行われた秀吉の菩提を弔うための工事が、豊臣家の滅亡につながったのである。

家康は慶長一八年（一六一三）の何月かは不明であるが、大工頭の中井正清に秘密裡に大坂城の図面を作製させた。そして、晩秋頃からイギリスやオランダ商館から、火薬や銃弾の材料である鉛の購入をはじめた。江戸駐在のイギリス商館員が、翌一九年（一六一四）五月六日（太陽暦、旧暦三月二八日）付で平戸の商館長リチャード・コックスに宛てた手紙に、「皇帝（家康）は、今後着すべき鉛を、ことごとく一斤に付六分の割を以て、買上ぐべきことを約せり」と書いている。また、大坂駐在の商館員は、六月三日（太陽暦）付で江戸の駐在員に、大坂では鉛が売れないため、江戸へ送るとの手紙を出している。

この一八年（一六一三）から一九年（一六一四）にかけて、「二つの大久保事件」で述べたように、家康は豊臣家に好意的であったかはともかくとして、問題のあった江戸の年寄大久保忠隣《ただちか》を改易した。そして、年寄酒井忠世以下八人の秀忠の側近に誓書を提出させ、改めて家康・秀忠父子に対して忠誠を誓わせた。これによって、家康は幕府内の統制を強化し、豊臣対策を強力に押し進める決意をしたと思われる。

家康は一九年（一六一四）一月、江戸城の修築のための手伝普請を西国の外様大名に命じた。『徳川実紀』によると、中国地方では池田利隆（姫路）・同忠継（岡山）・森忠政（美作津山）・福島正則（広島）・池田長吉（鳥取）、四国は蜂須賀至鎮《よししげ》（徳島）・加藤嘉明《よしあき》（伊

予松山）・脇坂安元（安治の嫡子、伊予大洲）・山内忠義（高知）、九州は黒田長政（福岡）・細川忠利（忠興の嫡子、豊前小倉）・田中忠政（筑後柳河）・鍋島勝茂（佐賀）・寺沢広高（肥前唐津）・加藤忠広（熊本）・竹中重利（豊後府内）・稲葉典通（豊後臼杵）・毛利高政（豊後佐伯）・島津忠興（日向佐土原）、この他浅野長晟《ながあきら》（和歌山）・小出吉英（和泉岸和田）・京極高知（丹後宮津）・有馬豊氏（丹波福知山）らである。

これは万一大坂と合戦になった場合の対策の意味もあったと思われる。大名は一部の家臣と人夫を連れて工事にあたる。多くの家臣は国元に残るから、大坂方についた場合、この大名の家臣団を分断することができるからである。家康は豊臣恩顧の大名が多い、西国の外様大名に対して、一抹の不安を抱いていたと思われる。こうして、最終的な態度を豊臣家に迫ると決意した家康は、駿府の側近たちと活動をはじめた。それは陰謀ともいえるものであった。

方広寺鐘銘事件

方広寺の伽藍や大仏は三月に完成し、残るは鐘のみとなった。普請奉行片桐且元は、鋳物師を全国から集め、四月一六日この鐘を完成させた。そして、京都南禅寺の長老文英清韓に鐘銘の選定を依頼した。清韓は「洛陽無双之智者也」といわれた人物である。且元は秀頼の命で家康に報告するため、五月三日駿府にやってきた。そして、大仏開眼供養は八月三日と決まり、且元は京都に戻り準備にとりかかった。こうして、開眼供養に向けて順調に進むかに見えたが、駿府の側近たちの干渉が始まった。

七月八日、まず側近の天台宗の僧侶である南光坊天海が口をはさんだという。開眼供養の時、天台宗と真言宗どちらを上席とするか、堂供養と開眼供養を朝夕に行うか、それとも両日に分けて行うかを、且元に問うべきだと進言した。これに対して、且元からは天台宗を上席とし、朝方開眼供養、夕方堂供養との返事がきて、この件は問題にならずにすんだ。

七月二六日、家康は本多正純と金地院崇伝に対して、「大仏棟札并に鐘銘不審少からず、開眼供養共に延滞せられ、早く棟札鐘銘の草案進覧すべき」と、板倉勝重と且元へ連絡するように命じた。家康はこの時点で、棟札や鐘銘に問題があるということを、どうして知ったのであろうか。京都では、八月三日の開眼供養と堂供養の準備を進めていたところ、一日に駿府からの命令が届いた。供養の延期である。「この法会にあづかる門跡はじめ僧俗大に驚き、四方に散乱し、市街に新に設たる仮屋を毀棄などして、その騒擾大かたならざりし」という状態になった。

八月五日、且元から鐘銘と棟札の写が届いた。この日、鐘銘について京都五山の七人の長老の意見を聞くために、板倉重昌を京都に派遣した。なお、棟札とは大仏殿の棟札のことで、書いたのは照高院門跡准后道澄《じゅごうどうしょう》（興意法親王）である。これに棟梁である中井正清の名がないといって正清が文句をつけたのである。家康は正清にその調査を命じ、正清は一七日奈良の興福寺や法隆寺の棟札の写を送ってきた。これには棟梁の姓名が記されていたため、家康は「御腹立ち」であったという。

重昌は一八日に、長老七人の意見書を持って戻ってきた。七人共鐘銘と清韓を批判しているが、中でも東福寺の聖澄・建仁寺の慈稽・相国寺の瑞保・南禅寺の景洪は、「国家安康」を取り上げて、家康の二字の間に安の字を入れることは、「悪《あし》く候」とか「前代未聞ニ候」といって批判した。この七人は高僧として世の尊敬を受けているのである。それがいずれも家康に阿《おもね》るような回答である。当時の仏教界の程度が知られよう。そして家康は、これを十分承知の上で問うたのである。

駿府の側近たちが鐘銘につけた文句は、「国家安康」「君臣豊楽」「子孫殷昌」の語句である。これを家康の諱《いみな》を分断することは、家康を呪詛しようとするものである。その上、豊臣を君として、子孫の殷昌を楽しもうという意図が隠されているというものである。これは天海や崇伝が主張したものと思われるが、さらに林羅山が、「前征夷大将軍従一位右僕射《ぼくや》源朝臣《あそん》家康公、正二位右丞相《うじょうしょう》豊臣朝臣秀頼公」について、次の解釈を示した。「源朝臣家康公を射る」である。「右僕射」も「右丞相」も右大臣の唐名《からな》（中国風の呼び方）である。太政大臣を相国《しょうこく》・中納言を黄門《こうもん》というのと同じである。二人共官職は右大臣（家康は辞職しているので正確には前右大臣）である。そこで家康は征夷大将軍だったので、武官にふさわしい唐名「右僕射」を選んだのだと思う。それを「右僕」を無視して「射」だけとり、下の「源朝臣家康公」と付けて、射殺する意味とはいいがかりも甚だしい。羅山は博学で知られた朱子学者であるが、これでは曲学阿世といわれても仕方あるまい。

一方大坂では、思いもよらない事態に驚き、釈明のために片桐且元を送った。且元は一八日清韓を伴って駿府近郊の鞠子《まりこ》（丸子）に着き、誓願寺（向敷地《むこうしきじ》の徳願寺説あり）を宿とした。清韓はただちに駿府町奉行彦坂光正に捕えられた。二〇日、前日駿府に入ることを許された且元のもとに、本多正純と崇伝がやってきて、鐘銘と棟札について大御所の御不審がとけず、さらに大坂が牢人を余多抱えているという噂があるが、これはどういうことかと厳しく詰問した。これに対して且元は、鐘銘については清韓にすべて任せたので、豊臣家はその内容さえも知らなかった。また、牢人の件は、全くの浮説で異心はないと弁明した。

大坂では心配した淀殿が、さらに側近の大蔵卿の局（大野治長の母）・二位の局（渡辺勝の姉）・正栄尼（渡辺糺《ただす》の母）を派遣した。三人の女性は二九日の夕方駿府に着き、七間町の旅宿に入った。家康は且元には拝謁を許さなかったが、三人の女性に対しては、城中に招いて懇《ねんご》ろに接待し、「淀殿には、さぞかし何事もうしろめたく、心遣ひせらるべきこそいとおしけれ」と、淀殿を気づかい、機嫌もよく詰問などはなかった。このため、三人は喜んでその旨大坂に報告した。家康は老獪である。大坂方の分裂をはかったのである。

九月七日、正純と崇伝が且元の旅宿にやってきて、且元は学問には縁のない一介の武士であり、鐘銘のことは仕方がない。「このうえにも関東大坂御親睦の事、且元心もちひてはからひあるべし」との家康の言葉を伝えた。これに対して且元は、「大坂より盟書をさゝげらるるべきや」と尋ねたところ、両人はそれでは大御所の怒りは収まらないという。且元がそれでは何か良い考えがあれば、御教示願いたいと頼んだところ、「我等おもふ所は、右府（秀頼）大坂を出て他所に移らるるか、又は諸大名とおなじく、駿府江戸へ参観せらるるか、又は故太閤殿下の時、大政所を三州岡崎へ人質に出されしその例も候へば、淀殿を関東へ下し申さるるか、この三条の外あるべからず」ということであった。これは両人の意見というより、家康の意向であると且元は理解した。結局且元は、家康に会えないまま九月一二日駿府を発った。同日大蔵卿の局らも帰途についたが、両者の胸中は全く別であった。

一六日、たまたま両者は近江国土山宿（滋賀県甲賀市）で一緒になった。この時且元は、大蔵卿の局らに家康の怒りをとくためにはといって、例の三カ条を示した。家康と会って問題は解決したと思っていた局らは、驚くと共に且元が裏切ったと思い、これを淀殿・秀頼母子に報告した。遅れて大坂城に戻った且元は三カ条を示し、この程度の譲歩は已むを得ないと報告して母子を怒らせた。そして、強硬派の大野修理亮治長・木村長門守重成・渡辺内蔵助糺《ただす》らは、且元の誅殺を主張した。これを知った淀殿の従兄織田常真（信雄《のぶかつ》、信長の次男）は、病と称して三の丸の屋敷に籠っていた且元に知らせた。

二五日、且元からの急使が駿府に到着し、家康は且元が母子の怒りにふれて蟄居したことを知った。翌二六日（一〇月一日説あり）且元は弟貞隆をはじめ主従三〇〇余人、甲冑に身を固め、鉄砲に火縄を添えて、大坂城を出て居城の摂津茨木城に入った。また、この日の夕方織田常真も大坂城を去った。なお、家康は大坂とはいよいよ最終段階に入ったと思ったのであろう、これより前一一日頃、上方の諸大名五〇人に対して、将軍秀忠宛に起請文を提出させた。

この鐘銘問題は、いいがかりであることは明白である。家康は豊臣家に対して、最後の決断を迫る時期がきたと思い、これを問題にしたのである。だから、問題になった鐘銘は、その後も削られることもなく、今も方広寺に残っているのである。豊臣家には残念ながら、この問題の本質を見抜き、対処できる人物がいなかったのである。

12 大坂冬の陣

若やいだ家康

一〇月一日、この日駿府は昨夜より雨だったという。京都所司代板倉勝重の急使が到着し、先月二五日に、大野治長らの強硬派が且元を誅せんとしたため、且元が屋敷に籠り、大坂城中大変な騒動となり、「いよいよ大坂謀叛まぎれなきよしなり」との報告を受けた。駿府と大坂の間に立って、交渉にあたっている且元を討とうとすることは、すなわち駿府との交渉を打ち切ることである。『駿府記』には、「御腹立ち甚しく、大坂に御出馬の由、近江・伊勢・美濃・尾張・三河・遠江仰せ触れらる。又江戸幕下に仰せ遣わさる」とある。淀殿・秀頼母子とその側近たちは、まんまと駿府の陰謀にはまったのである。

本多正純の藤堂高虎宛の書状には、この時「大御所様今度の仕合せ（次第）を御聞き成され、大かたもなく御若やぎ成され候間、御満足たるべく候」とあり、七三歳の家康が急に若返ったという。続いて「昨ちと御気合あしく御座候つるが、大坂の仕合せを御聞き成されてより、すき〳〵と良く御成され候」とあって、昨日より体調をくずしていたが、大坂の事変を知ると、たちまち回復したというから恐れ入る。

また、『徳川実紀』には、『慶長見聞書』を引用して、「われ年老てこのまま席上にて打果むは、残多き事と思ひしが、この事起りしは本意の至なり。速に馳上り敵ども打果し、老後の思ひ出にせんと上意有て、御太刀を抜せられ、御牀《しょう》（床《ゆか》）の上へ躍《おどり》上らせ給ひ」とある。これはあまりにも芝居がかっていて、そのまま信用できないが、この時の家康の気持ちをよく表していると思う。家康はしてやったりと快哉を叫んだであろう。

人物を欠いた大坂方

それでは、豊臣家は何を考えていたのだろう。一言でいえば、考えるもなにも、先を見通しリーダーシップをとることのできる人物がいなかったのである。そして、不幸なことに、気位ばかり高く物事が見えず、感情に走りやすい淀殿が実権を握っていたのである。『駿府記』には、前庭半入勝秀の大坂城内についての報告が記されている。それによれば、「大坂の様体、軍陣の体、万事母儀（淀殿）指出し給ふ。これにより諸卒色を失う」とある。つまり戦時状態になっても、指令は淀殿から出ていたのである。

この年秀頼は二二歳で、家康も認めたように立派に成人している。しかし、生母の淀殿には逆らうことができなかったのである。では側近はというと、めぼしいのは片桐且元と大野治長ぐらいのものである。こうなった原因は関ヶ原の戦いにあった。この敗戦によって、石田三成らの側近が一掃されたからである。

豊臣政権内部には、武功派と能吏派の対立があった。武功派とは戦場での働き抜群な者たちで、賤ヶ岳の七本槍に代表される、福島正則・加藤清正・加藤嘉明・脇坂安治や、黒田長政・細川忠興・池田輝政・浅野幸長《よしなが》らである。これに対して能吏派は、戦場での華華しい活躍はないものの、兵站部門を取り仕切り、土地管理や徴税など行政面に長けた者たちで、石田三成・増田《ました》長盛・長束《なつか》正家などの五奉行たちである。また、武功派は秀吉の正室北政所（おね、高台院）との関係が良く、能吏派は、三成が淀殿の信任を得ていたこともあって、淀殿派であった。両者は特に武功派と三成との仲が悪く、秀吉の目の黒いうちは押さえられていたが、その没後対立が表面化した。武功派の面面が、関ヶ原の戦いで家康方についた要因はここにもあった。

北政所は秀吉が没した翌慶長四年（一五九九）、大坂城を出て京都三本木の屋敷に移り、同八年（一六〇三）高台院の号を勅許され、同一〇年（一六〇五）には、京都東山に高台寺を建立して、秀吉の菩提を弔う生活に入った。一つには、秀頼をめぐって淀殿と対立することを避けたのかもしれない。いずれにせよ、武功派にとって、淀殿が君臨する大坂城は、次第に身近な存在ではなくなっていったと思われる。

こうした中で、大坂城に残ったのが片桐且元であった。且元は七本槍の一人であるが、その後これといった武功はなく、どちらかといえば行政畑の任務が多かったようである。しかし、この方面でも特に勝れていたわけではなく、平凡であったようだ。それは秀吉が没した慶長三年（一五九八）の時点で、且元が摂津茨木一万石であるのに対して、福島正則は尾張清洲二四万石、加藤清正は熊本二五万石、加藤嘉明は伊予真崎（松前）一〇万石、脇坂安治は淡路洲本三万三〇〇〇石を領していたことでもわかろう。同じ七本槍でもその差は歴然としている。関ヶ原の時且元は家康に通じていたが、事の成り行きから家康方の近江大津城攻撃に兵を出している。家康はこれについては何もいわず、翌六年（一六〇一）一万八〇〇〇石を加増した。このため、且元は居城を大和龍田城に移し二万八〇〇〇石を領することになった。そして、石田三成らが一掃されたため、且元が以後豊臣家の家老の地位につき、母子を補佐することになったのである。

しかし、且元はそれほどすぐれた能力を持つ人物ではなかった。家康やその側近たちと渡り合うことなど、土台無理な話で、鐘銘事件ではいいように翻弄されてしまったのである。また、且元と対立していた、強硬派の大野治長らに至っては話にならない。この他、城内には淀殿の伯父織田有楽（長益）と従兄の織田常真（信雄）が話相手としていたが、織田家を全うすることさえもできなかった両人である。役には立たず、それどころか保身のため家康に内通しており、やがて大坂城を出ることになる。

応じなかった恩顧大名

豊臣家が頼りにしたのは、秀吉恩顧の外様大名であった。『徳川実紀』には、小出吉英（和泉岸和田五万石）・伊達政宗（仙台五九万五〇〇〇石）・島津家久（鹿児島七二万九五六三石）・藤堂高虎（伊勢津二二万九五〇石）・池田利隆（姫路四二万石）・同忠雄（淡路洲本六万三〇〇〇石）らに、秀頼から協力を要請する書状が届いたが、いずれもこれを断ったことが記されている。

島津家久は、「老父兵庫入道（義弘）、太閤様御一筋を相守り、関原において粉骨を尽し候と雖も、合戦相敗れ、御所様（家康）天下を御安治成され……御遺恨を指し捨てられ、我等を召出され……太閤様御一筋の御奉公については、当家は一篇仕り、御所様御取立て成され……御当代に背き申す儀は罷り成らず候」といって拒絶している。藤堂高虎などは使者の額に秀頼と烙印し、手足の指を斬って天王寺の堀に投げ捨てたという。その他の大名にも書状が届いたと思うが、誰一人これに応じる者はいなかった。

一つには、直接恩顧をこうむった大名たちが、故人となっていたこともある。二条城の会見の時、身体を張って秀頼を守った加藤清正・浅野幸長も鬼籍に入り、山内一豊・田中吉政・堀尾吉晴・池田輝政・前田利長らも故人となっていた。蜂須賀家政は慶長五年（一六〇〇）に隠居しており、この時は息子至鎮《よししげ》の要請により、大坂へ向かう途中の家康のもとに伺候《しこう》しようとしていた。当主として健在だったのは、福島正則・加藤嘉明・黒田長政・細川忠興らであったが、心情的にはともかく、大坂城に駆け付けることなど、土台無理な話であった。それでも家康は万一を考えて、福島正則・加藤嘉明・黒田長政・平野長泰を江戸に留めた。このうち長泰は、賤ヶ岳七本槍の一人とはいえ、わずか五〇〇〇石に過ぎず、兄の長景が秀頼に仕えているとしても、それほど警戒すべき人物とは思えないが、家康はこれも留めた。また、家康は秀頼からの書状を提出して忠誠を誓った島津家久に対しても、一抹の不安を抱いていた。家久は鹿児島にいて出陣の準備をしていたが、その出陣にあたって、豊前小倉の細川忠興に監視役を命じ、島津勢の後から大坂に上るように命じている。とにかく家康は慎重であった。

最も警戒された福島正則は、淀殿・秀頼母子に対する諫言の書状を、家康の許可を得て大坂に送った。『駿府記』には、「今度大仏出入の儀ニ付、両御所（家康・秀忠）に対しか

く の如きの企、天魔の所行か、早速其の心を改められ、母儀（淀殿）御侘言をなし、江戸、駿府に在国するに於ては、秀頼御長久、御運たるべし、正則に於ては江戸に妻子以下指置き、其の上一円両御所無二の忠節の条、野心を改められざるに於ては、正則を始め天下の諸軍勢、大坂に馳せ向い、攻落の儀必定なり、右の旨思慮を加えられ、長久と自滅と、何れか思召さるべきや」とある。これに対する母子からの返事はなかったという。正則ができたことは、大坂の屋敷にあった米八万石が、大坂城に運び込まれるのを黙認したことぐらいであった。なお、正則らは江戸に留められたが、その子供たちはいずれも従軍している。

恩顧をこうむった大名がこれだから、その子供や孫の代になっていれば、太閤恩顧といわれても、実感できなかったのではなかろうか。秀吉が没してからすでに一六年の歳月が流れているのである。彼等にとって恩があるのは、島津家久が「御所様御取立て成され」といっているように、家康なのである。「忠臣二君に仕えず」という儒教に基づく武士道徳は、江戸時代も中期以降のことである。この頃は、主君と折り合いが悪ければ、主家を去っても当然の時代であった。一万六〇〇〇石を捨てて黒田長政のもとを去った後藤又兵衛基次や、加藤嘉明のもとを退去した塙《ばん》団右衛門直之はその代表であり、両人共この時大坂城に入った。ようするに、淀殿をはじめとする大坂方は、時代の変化を読むことができず、過去の栄光にすがるのみで、全てに甘かったのである。

これに対して家康は、豊臣家を存続させる機会を何度か与えてきた。その一方で、外様大名に対しては統制を強化しつつ、政略結婚や御家号・偏諱の賜与などによって、その懐柔もはかってきた。二条城の会見の時の落首に、「御所柿は独り熟して落ちにけり　木の下に居て拾ふ秀頼」とあったが、これを詠んだ京童《きょうわろんべ》は豊臣贔屓だったためか、読み違いをしたといえよう。落ちた柿は家康ではなく豊臣家だったのである。

余裕の出陣

一〇月一日、出陣を命じた家康は、四月まず九男の義直を出発させた。従ったのは年寄兼付家老の成瀬正成と付家老竹腰正信以下数百人で、軍勢は名古屋で合流することになっていた。同日将軍秀忠は、関東・東北の諸大名に対して出陣を命じた。先月一七日に、江戸城の修築が終わって、秀忠から慰労された西国大名たちに、七日ただちに帰国して、下知次第大坂に出陣すべしとの命が下った。福島正則らが江戸に留められたのは、この時である。帰国の途についた大名たちは、次次と駿府を訪れ、改めて家康の命を受けて出立していった。一一日午前八時頃、十男頼宣が年寄兼付家老安藤直次と、付家老水野重仲以下数百騎と共に出発した。続いて一〇時頃家康も駿府城を発った。その出で立ちは甲冑を着けず、鷹狩りの服装であったという。出陣にあたって年寄本多正純が、甲冑を着けるのは奈良辺りに行った時でよろしいかと伺ったところ、それでよいということで、全軍軽装であった。これは日頃家康が、「長路甲冑着して疲労し、戦場にのぞみ物の用に立難し」というのを、正純が聞いていたからだという。

従ったのは、正純・奉行の板倉重昌・松平（大河内）正綱・側近の林羅山、大名は伊奈忠政（武蔵小室一万石）と西尾忠永（武蔵・美濃の内一万石）のみで、あとは幕臣一万余人という。この中に槍奉行大久保彦左衛門忠教《ただたか》もいた。留守は十一男の頼房であった。

家康は四七〇騎程つれて、途中持舟《もちむね》（用宗、駿河区）辺りで鷹狩りを楽しんで夕方田中城（藤枝市）に入った。この時、駿府町奉行彦坂光正がやってきて、天竜川の舟橋が完成したことを報告し、家康が渡る前は諸人の利用を禁止するかどうかを伺った。家康は「舟橋諸人往還自由に成さしめんがためなり、何ぞこれを禁ずべけんや」といってこれを許可した。一二日掛川城に宿泊。一三日鷹狩りをしながら中泉（磐田市）に宿泊。一四日雨の中を出発して、途中で鷹狩りをして浜松に宿泊した。この時、江戸城修築工事を終えて帰国途中の熊本藩主加藤忠広が挨拶にきた。家康は「すみやかに帰国し、軍勢を集めて下知を待べし」と命じ、今日とった雁二羽を与えた。続いてやってきた伊予大洲藩主脇坂安元

（安治の嫡子）にも、「所領にかへり人数を催し、藤堂和泉守高虎に属し、出陣すべし」と命じた。

一五日吉田城（豊橋市）に宿泊。一六日岡崎城に宿泊した。ここはかつての居城だったため、菩提寺である大樹寺をはじめ、「遠近の寺社人ども、あるは杉原紙、鳥目一貫文、或は柿・葡萄・芋、あるいは蕎麦・茶おもひおもひの土宜《どぎ》（産物）を捧てまうのぼり……御けしき例よりもうるはし」かったという。一七日名古屋城に宿泊。一八日雨のため滞在、一九日岐阜城に宿泊。この日毛利輝元・島津家久以下西国諸大名に、「速に大坂へ発向すべし」と命じた。二〇日柏原《かしわばら》（滋賀県米原《まいばら》市）に宿泊。この日仙台藩主伊達政宗が、秀忠勢の先鋒として一万八〇〇〇人を率いて江戸を出発した。二一日佐和山（彦根市）に宿泊。二二日永原（野州市）に宿泊。二三日琵琶湖を船で渡り正午頃二条城に入った。この道中毎日次次と報告が入り、指令を発してきたが、好きな鷹狩りもやり余裕の出陣であった。

この日片桐且元から報告を受けると、藤堂高虎も呼んで大坂城の堀の深さを報告させ、地図をもとに攻城計画を練った。また、この日秀忠が二〇万余を率いて江戸を発った。江戸城の留守は嫡子家光と弟松平忠輝であった。

一一月一〇日秀忠が伏見に到着、翌一一日、二条城で家康と対面した。秀忠は関ヶ原の戦いの時、上田城攻めに手間取り、関ヶ原の決戦に間に合わなかったことから、今度は遅れまいと急行軍となった。これを知った家康は、「大軍を引つれ数里の行程をいそがせ給ふ事、以外《もってのほか》然るべからず」といって、度度注意したという。この日家康と秀忠は、本多正純・成瀬正成・安藤直次・板倉勝重・秀忠付の酒井忠世・土井利勝・安藤重信らと作戦会議を開いた。そして、一三日に大坂への出陣が決まったが、翌一二日に金地院崇伝と南光坊天海がやってきて、一三日の南行は悪日となると進言したため、一五日に延期となった。家康はけっこう縁起をかつぐ方である。この前後家康の命令を文書で伝えたり、使番《つかいばん》となって連絡にあたったのは、側近の正純・正成・直次・勝重・崇伝・天海・後藤庄三郎光次らであった。

大坂方の準備

これに対して、大坂方が開戦を決意したのは九月末と思われる。鐘銘問題を甘く見て危機感がなかったため、慌てて準備をはじめたというところである。板倉勝重の飛脚が一〇月五日駿府に到着して、「諸牢人を抱置き、籠城の支度の由」を注進している。続いて一一日、家康が田中城に入った時到着した飛脚の知らせには、「大坂の躰弥々籠城支度、其の意趣は金銀多く取り出し、大坂近辺の八木《はちぼく》（米）買込み、武具以下城中へ入置き」とある。大坂方は秀吉恩顧の大名の取り込みには失敗したが、牢人の召集には成功した。牢人たちにとって、合戦は願ってもない再就職の機会だったからである。

豊臣家の蔵入地（直轄領）は、二二〇万石といわれていたが、関ヶ原の戦後、秀頼が領したのは、摂津・河内・和泉三国六五万七四〇〇石という。これで養える兵力はせいぜい二万程度であろう。大坂城に籠城したのは約一〇万といわれているが、この中には周辺の農民や女性もいたというから、六、七万程の牢人を集めたことになる。金地院崇伝はこの牢人たちについて、「大坂城中の儀、日用（日雇）など取籠め、むさと（いいかげん）したる様体《ようだい》」と小馬鹿にしたが、明日のない彼等は、千載一遇の時とばかりに、力戦奮闘することになる。

一二日、掛川城に入った家康に届いた勝重の報告には、「去る六日、七日、京都諸牢人の内、長曽我部宮内少輔《くないのしょうゆう》・後藤又兵衛・仙石豊前守・明石掃部《かもんのすけ》助・松浦弥左衛門、其の外名も知らざる牢人千余人、金銀ヲ出シ、籠城抱置き、奈良表打出で、大和打破り、それより宇治真木島指出で、放火、摂州茨木押寄せ、市正《いちのかみ》（片桐且元）兄弟打果すべき由、風聞の通り申し上ぐ」とある。長曽我部盛親は関ヶ原で石田方についたため、土佐浦戸二二万二〇〇〇石を改易され、相国寺門前の竹林の小さな家で、友無と名乗り子供たちに手習いを教えていたという。大坂の呼び掛けに応じて一人で大坂に向かったところ、今出川辺りでは付き従う者二、三百人、伏見辺りでは千人になったという。後藤又兵衛基次は前述のように、黒田長政のもとを退去した後、姫路藩主池田輝政に牢人分として抱えられていたが、長政の干渉にあって姫路を去り、大坂を経て京都辺りにいたところ呼び掛けがあったという。仙石豊前守秀範は関ヶ原の時、父越前守秀久（信濃小諸五万石）に反して、石田方についたため改易となり、二条辺りで宗也と名乗り手習いの師匠をしていた。明石掃部助全登《てるずみ》は、関ヶ原で岡山五七万四〇〇〇石を改易された宇喜多秀家の家老で、キリシタンでもあった。

一四日浜松に着いた家康に届いた勝重の報告に、「諸牢人馳せ参ずる事、其の数を知らざる」とあるように、続続と牢人たちが大坂城に入城したことが知られる。以下は長曽我部盛親らに続いて、大坂城に入った牢人の内主な顔触れである。真田左衛門佐《さえもんのすけ》信繁《のぶしげ》（幸村）・大助父子。信繁は関ヶ原の敗戦で上田三万八〇〇〇石を改易された安房守昌幸の次男で、徳川方についた兄信之（幸）の功績で、父子共死を免れ、高野山麓の九度山村に蟄居していた。昌幸は慶長一六年（一六一一）に六五歳で没している。『駿府記』には、「秀頼当座音物《おんぶつ》として、黄金弐百枚、銀卅《さんじゅう》貫目これを遣わし」とある。毛利豊前守勝永（吉政）は、関ヶ原の時石田方についたため改易され、高知藩にお預けとなっていた。大坂の呼び掛けを知った勝永は、「われ大坂に赴き一命を秀頼公に奉り、武名を後世の書史にとどめんとおもふ、しかし我らの地を逃いでて、大坂に赴きなば、定めて汝らいよ〱うき難にあふべきなり」と妻に相談したところ、「夫の武名をあらはさんには、妻またいかなる難に沈とも、更になげくべきにあらず。とくおもひ立給へ」とすすめたという。高知藩はこれを家康に報告したところ、「それこそ武士たるものの妻なれ、その節操褒美すべきなり」といって、妻子を大坂城に送らせたという。しかし、このような女性や子供まで大坂城に籠城したならば、落城時は目も当てられない惨状となったであろう。

　石川玄蕃頭《げんばのかみ》康長・肥後守康勝兄弟は、「二つの大久保事件」で述べたように、慶長一八年（一六一三）の大久保長安事件に連座して、信濃松本八万石と信濃のうち一万五〇〇〇石を改易された。長岡与五郎興秋は細川忠興の次男である。父子の仲が悪かったというが、慶長一〇年（一六〇五）人質として江戸へ行く途中逃走して行方をくらましていた。塙団右衛門直之も前述のように、加藤嘉明のもとを退去していた。南条中務少輔《なかつかさのしょうゆう》忠成は、関ヶ原の時石田方についたため、伯耆羽衣石《うえし》四万石を改易された。大谷大学吉胤は、関ヶ原の戦いで小早川秀秋の裏切りにあい、奮戦して自決した刑部少輔《ぎょうぶのしょうゆう》吉継（越前敦賀五万石）の子である。増田《ました》兵大夫盛次は、関ヶ原の時石田方についたため、大和郡山二〇万石を改易された五奉行の一人、長盛の子である。

こうした牢人たちの他に、弾圧を受けていたキリシタンも、外国人宣教師と共に入城した。キリスト教の禁止については、「宗教政策」のところで述べたが、慶長一八年（一六一三）に全国に禁教令を発して、これを弾圧した。家康は翌一九年（一六一四）三月、キリシタン大名として知られた高山右近長房ら百余人を、マカオへ追放することを命じ、さらに七十余人を陸奥津軽の外が浜に配流すべしと命じた。一〇月一三日に、家康のもとに長崎奉行長谷川藤広から、九月二四日マカオへ追放したとの報告が届いた（高山長房はマニラへ追放）。家康はこれら熱心なキリシタンを、国内に置いていたならば、大坂に協力することを恐れたのではないか。慶長一七年（一六一二）三月に、駿府の幕臣で改宗に応じたものの、追放になった小笠原権之丞が大坂城に入っており、長房らも国外追放にならなければ、入城した可能性が高いと思われる。先を読める家康は先手をうったのである。

攻城戦の開始

一一月一五日、家康は二条城を秀忠は伏見城をそれぞれ出発した。家康は奈良を経て一七日住吉に本陣を置いた。この日家康は甲冑の着用を命じたため、金地院崇伝・林羅山・医師の片山与安宗哲の三人も鎧を着けた。これを見た家康は、「我等が麾下には、三人の法師武者が有」といって大笑いしたという。秀忠は枚方《ひらかた》を経て一七日平野に本陣を置いた。

翌一八日、家康は秀忠と共に茶臼山に登り、藤堂高虎と江戸から到着したばかりの年寄本多正信と攻城について意見を交した。一九日住吉の本陣で軍議を開いた。参加者は秀忠と本多正信・正純父子・成瀬正成・安藤直次、そして藤堂高虎であった。家康は淀川の流れを変えて天満の水を乾かし、天満口・仙波（船場）口・天王寺口より総攻撃をする。そのため、土俵二〇万俵を摂津・河内両国から調達せよ。敵城を力攻めすれば犠牲が大きいから、弾丸避けの竹束を用意し、金掘人夫に穴を掘らせて門櫓を掘崩せと命じた。

この日の払暁、前日家康の許可を得ていた蜂須賀至鎮《よししげ》・浅野長晟《ながあきら》・池田忠雄隊は、大坂城の西南（木津川口）の砦を急襲してこれを攻略した。守将の明石全登《てるずみ》は、軍議のため大坂城に行っていて留守であったという。こうして冬の陣の本格的な戦闘がはじまった。

大坂方は一一月一七日に作戦会議を開いたという。真田信繁や後藤基次らの牢人衆は、城外に打って出て、徳川勢の備えが整わないところを攻撃して、勝利を得ると共に、豊臣勢の士気を高めようと主張した。当時豊臣譜代の武将としては、大野治長・同主馬首《しゅめのかみ》治房兄弟、木村長門守重成・渡辺内蔵助糺《ただす》・青木民部少輔一重・速水《はやみ》甲斐守守之・薄田《すすきだ》隼人正《はやとのかみ》兼相・堀田図書助《ずしょのすけ》勝嘉らがいたが、いずれも実戦の経験は乏しかったと思われる。木村重成がこの出撃案に賛成したが、主導権を握っていた大野治長らが反対したため籠城になったという。豊臣譜代の多くが、新たに加わった牢人たちを「牢人ども」と呼んで、見下したため両者はしっくり行かず、戦闘にも支障をきたしたようである。

大坂城は本丸・山里曲輪・二の丸・三の丸からなり、さらにこれらを惣（総）構（惣堀）で囲んだ巨大な堅城であった。戦いが近づくとさらに城の補強を行い、特に惣構にも塀や櫓を設けた。この他惣構の東側の鴫田・今福と、西側の博労が渕、西南の木津川口に砦を設けた。城の内外を検分した真田信繁は、惣構の南側に弱点があると気づき、堀の外側に出丸を築いた。これが真田丸である。

二六日払暁、佐竹義宣隊が今福砦を、上杉景勝隊が鴫野砦を攻撃した。今福砦には城中から木村重成・後藤基次・堀田勝嘉隊が応援にきて激戦となったが、徳川勢も榊原康勝隊や上杉隊の一部も佐竹隊に加わったため、夕方には今福砦が落ちた。鴫野砦の方も、城中から大野治長・青木一重・速見守之隊が駆けつけ激戦となったが、上杉隊の奮戦と堀尾忠晴・丹羽長重隊の来援もあって、夕刻陥落した。この日の戦いで奮戦した基次は左腕に銃弾を受けた。城兵は勇将の負傷を心配したという。一方治長は草々に城に引き上げたため、怯弱を笑われたという。

二九日払暁、蜂須賀至鎮・池田忠雄・石川忠総隊が、博労が渕砦の攻略にかかった。砦の守将薄田兼相は、神崎の遊女屋に泊っていて留守だったため、砦は短時間で落ちたという。このため、城内では兼相のことを「橙武者《だいだいむしゃ》」と呼んだという。橙は大きく色も良いが、正月の飾り以外は役にたたないからである。こうして、真田丸を除いた砦は全て落ち、豊臣勢は惣構の内に押し込められた。徳川勢は約三〇万といわれる大軍で、これを完全に包囲したのである。

一二月四日、将軍秀忠は平野から岡山に本陣を進めた。この日の午前六時頃、真田丸の前方に陣を敷いていた前田利常隊が前進をはじめた。空堀のところまで進んだ時、突然真田丸から矢弾が雨霰《あられ》と飛んできた。真田隊の反撃である。前田隊はうかつにも、弾除けの竹束や楯を持っておらず、死傷者が続出した。前田隊の進撃を知った越前松平忠直・井伊直孝・藤堂高虎隊も、遅れじと攻撃に移った。しかし、これらの諸隊も竹束や楯を持っておらず、大損害をこうむった。だが、諸隊は損害が大きかった分、退くに退けず、無理な戦闘を続行した。この報告を得た家康は、ただちに側近の安藤直次を派遣してようやく撤退させた。家康は機嫌が悪く、越前隊の先鋒をつとめた家老の本多富正と同成重を呼んで、叱りとばした。

翌五日、池田忠雄と蜂須賀至鎮を呼んで、「土手を築き、竹束をかまへて、士卒傷死せざらんやうに」命じ、さらに使番を城の西側の仙波と北側の天満方面の諸隊に派遣して、「諸手の士卒弓銃のものども、一人たりとも死亡せん事……毎陣竹束をかこひ土手を築き、矢砲をさけしむべし」と命じた。この家康の言葉を伝え聞いた諸隊の兵は、感涙したという。城攻めの銃撃戦では、防禦施設の櫓や塀の狭間から撃つ城方が有利である。このため、家康は鉄製の楯を作らせ諸大名にも与えている。池田忠継は一一月二九日の戦いでこれを用いている。一二月三日、寄手が惣構の堀際まで進出した時、城内からの激しい銃撃で、竹束だけでは防ぎきれず、多くの負傷者が出た。この時、大工頭の中井正清に作らせた鉄楯を、十張ずつ分け与えたという。『当代記』によると、家康は京都でも一一月から鉄楯を製造させていたが、これが一二月八日に陣中に届いたとある。また、正清に命じて梯子と熊手を作らせ、各大名に梯子五〇ずつを配分している。

戦いに謀略はつきものである。豊臣方に味方する大名は一人もいなかったが、徳川方を撹乱させるため、盛んに内通を働きかけたり、内通情報を流してゆさぶりをかけた。標的となったのは、藤堂高虎・浅野長晟・池田忠雄・福島正則の嫡子正勝・小出吉英らであったが、ほとんど効果がなかった。これに対して家康は、真田信繁の叔父信昌を通じて、一〇万石を与えるから降参するよう説得させたが、信繁は応じなかった。しかし、徳川方の謀略は効果があったようだ。京都所司代の板倉勝重は、大坂城に入る牢人たちの中に、忍者数十人を忍び込ませたという。これらの忍者は、たれそれは敵に内通しているなどのデマを流して、疑心暗鬼をさそい城中を混乱させたという。また、城内に矢文を射込んで、降参する者は罪を赦し本領を安堵すると呼びかけたりした。

こうした中で、城内から内通者が出てきた。南条忠成は真田や後藤などの意見がいれられず、自分たち牢人を蔑む態度に腹を立て、これではとても勝利は覚束ないと内通をはかった。しかし、大野治長の知るところとなり、切腹させられたという。一方で『当代記』には、「大坂城中に生鮭多し、寄手の衆忍て秀頼え進上せしむか」とあり、味方はできないものの、故太閤秀吉の遺児秀頼を憐れんで、密かに鮭を送った大名もいたらしい。

豊臣方にはいろいろ問題があったが、城の守りは堅く長期戦の様相を呈してきた。季節は冬である。長期戦ともなれば、風雨を十分に防ぐことのできない寄手は不利である。このため、将軍秀忠は、「大坂城たとひ全城鉄壁たりとも、日本の惣軍を以て攻ぬかんに、何の難事あらんや」と、二度にわたって総攻撃を主張した。これに対して家康は、「城を急に攻ぬかんとせば、御方に死傷多かるべし、たとひ大勝を得るとも、士卒多く損ぜんは本意にあらず、謀を以てなすべきものぞ」、あるいは「戦はずして勝を良将の謀とすれば、何事も老父がはからひにまかせ給ふべし」といってこれを退けた。

家康はすでに大坂城の攻略方法を決めていたのである。これについて、次の話が伝えられている。豊臣秀吉が大坂城を築いた時のことである、前田利家・蒲生氏郷・徳川家康ら諸大名を集めて、この城は何万という大軍をもってしても簡単に落すことはできない。この城を攻略するには二つの方法がある。一つは大軍にて城を包囲して、城中の料食の尽きるのを待つか、一旦和議を結んで、堀を埋め塀を壊した上でまた攻めれば、落とすことができるといったという。家康はこのうちの後者の方法を用いることを考えていたのである。

女性による講和

講和を進めるためには、城内にしかるべき協力者が必要である。幸いなことに、一〇月の初め家康がまだ駿府にいた時、淀殿の伯父織田有楽《うらく》（長益）が、京都所司代板倉勝重を通じて、「両御所に対し奉り、更に二心を抱かざる」ことを告げてきていた。

一一月二〇日、家康は本多正純に命じて、織田有楽と大野治長に講和をもちかけた。条件は堀の破壊である。有楽と治長からは、外堀（惣構の堀）の破却を提示してきたが、正純は二の丸・三の丸の堀の破却も要求した。城内では反対が多かったのか、回答は一二月三日であった。有楽から正純と後藤庄三郎光次に対して、「さまざま和議をはからへども、秀頼其諌を納られざれば、力及ばざる」とのことであった。

六日家康は本陣を住吉から茶臼山へ進めた。八日、有楽と治長から正純と光次のもとに書状が届き、城中に迎え入れた牢人の罪を問わないこと、所領替えの地は秀頼の希望するところとするならば、和議に応じてもよいというものであった。一説に、秀頼の意向は四国のうちの二カ国であるが、家康は上総・安房両国という考えであったという。

一五日、有楽と治長から正純と光次に書状が届いた。それには、淀殿を江戸に居住させ、城塁を破壊し堀を埋める条件を飲んだら、牢人たちを召し抱えるための所領を加増してくれるかというものであった。家康は牢人たちに、どんな忠節があって所領を与えるのか、これは「時日を遅緩し、寄手を疲労せしめ、城郭溝塁を堅固にせんため」の謀略ではないかと疑ったという。また、光次が使に城内の様子を聞いたところ、城内では淀殿が全にわたって仕切っているため、何事も遅延して急には事が決まらないと答えたという。

家康は講和を進める一方で、心理戦を仕掛けて大坂方をゆさぶった。石見大森・但馬生野の銀山の坑夫数百人に命じて、地下道を掘らせたり、夜になると各陣に鯨波《とき》の声をあげさせたり、大筒や鉄砲を撃たせたりしている。これに対して、大坂方も夜討をかけて対抗した。塙直之らは蜂須賀至鎮の陣に夜討をかけ、さんざん暴れまわった後、「今夜の大将塙団右衛門」と記した札を撒き散らして引き上げたという。

家康は大坂城が堅固な城なので、これまでの大筒（大砲）では効果がないと考えて、大型の大筒を準備していた。家康がオランダやイギリス商館から火薬や鉛を購入したことはすでに述べたが、大筒も購入している。一二月の初めに、オランダから購入した四、五貫目（一五～一八・七五キログラム）の弾丸を発射する大石火矢《いしびや》が到着した。大筒は石火矢・仏郎機《ふらんき》ともいい、二、三百匁（七五〇～一一二五グラム）の弾丸を発射するが、鉄の玉が飛んで行くだけで、現在の砲弾のように炸裂はしないので、それほどの威力はない。しかし、四、五貫目ともなるとそれなりの威力があったと思われる。家康はこの他、堺や近江国友の鉄砲鍛冶にも大筒を作らせている。

一〇日、惣構の堀近くに竹束を並べ、土俵で山をつくり、その上から大筒を発射した。しかし、時には事故もおこった。天王寺口では大筒の操作を誤ったのか、暴発して死者五、六人、負傷者七、八〇人を出している。

一六日、中井正清に命じていた砲架が完成して届いた。さっそく大筒を据えて、稲富宮内重次らの射撃の名手を集めて、天王寺口・備前島から砲撃を開始した。この時、城内の様子に詳しい片桐且元の指示で、淀殿の居間辺りに砲撃を集中させた。このため、大音響と共に居間のある櫓を打ち崩し、側にいた女房七、八人が死亡し、泣き叫ぶ童女らで大混乱に陥った。日頃強気だった淀殿も大きな衝撃を受けた。

　一八日、且元はこの日は秀吉の月命日にあたるから、秀頼はかならず城内の祠堂へ参詣するからと、ここにも大筒を打ち込ませた。ここまでくると、鐘銘事件で交渉にあたった且元とは、別人の観がある。それほどまでして家康の歓心を買いたかったのか。その品性が疑われる行動である。また、しばしば大坂城に招かれて、豊臣家のために祈祷していた醍醐寺三宝院門跡の義演大僧正は、有馬温泉で湯治中この砲声を聞き、鉄砲聞きの宴を催したという。多くの人命が失われる砲声を聞きながらの酒宴など、どんな神経の持ち主なのか。この頃の高僧は、前述の京都五山の高僧もそうであるが、全くお粗末なものである。

　こうした砲撃に怖気づいた淀殿は、秀頼に講和をすすめ、強硬派であった渡辺糺や薄田兼相らもこれに賛成した。ただ木村重成だけは、有楽や治長が説得しても聞き入れなかったという。真田信繁と後藤基次は、家康や秀忠が諸隊を巡視している様子を見て、秀頼がまだ一度も城内を巡視していないのは、士気にかかわると思いこれを願い出た。秀頼は金瓢箪の馬印を押し立てて三の丸より二の丸・本丸を巡視し、淀殿も酒肴を配って労をねぎらったという。しかし、『当代記』には、「此度の籠城中、秀頼毎度惣構を廻り、少事をも精を入るる者には、其品に依て褒美有り」とあるから、初めての巡視とは思えない。また同書には、大坂城を脱走した者の話として、「秀頼の御袋（淀殿）武具を着し、番所を改め給う。これに随う女性三、四人武具を着す」とあるから、淀殿も大奥でじっとしていられなかったのであろう。この時天守閣に上った淀殿は、城を包囲する幾百万とも知れない大軍を目のあたりにして、「我は織田殿の姪にして浅井長政の女《むすめ》なり、軍に臨み討死せんは、兼て覚悟するといへども、此大軍を引請ては、秀頼運開き給ふべきにあらず」と恐怖心を抱き、有楽・治長に和議を進めるよう命じたという。しかし、この程度のことで講和とは、一体何のための籠城であったのか、淀殿をはじめ大野治長らの強硬派の決意とは、この程度のものなのかということになろう。

家康は講和にあたっては、女性の活用を考えていた。一二月一四日、二条城に留めおいていた側室の阿茶の局を茶臼山の本陣に呼んだ。この年阿茶の局六〇歳である。これは常高院と共に講和交渉にあたらせるためであった。常高院は、浅井長政と織田信長の妹お市（谷）の方との間に生まれた、三姉妹の次女で初といった。長女茶々が淀殿で、三女のお江与（小督《おごう》）は将軍秀忠夫人である。初は京極高次（若狭小浜九万二一〇〇〇石）の夫人となり、その没後剃髪して常高院と称していた。彼女は子供にめぐまれず、側室の子忠高を養子とし、これに妹お江与の四女初姫を夫人に迎えていた。この時忠高は、徳川方の一員として包囲陣の中にいた。家康は実権を握っているのが淀殿であるから、その妹常高院をつかって講和を進めようとしたのである。

一八日、阿茶の局と本多正純は、京極忠高の陣に行き、城内の常高院を招いて第一回の講和交渉に入った。この前日、後水尾天皇は勅使として広橋兼勝と三条西実條《さねえだ》を茶臼山の本陣へ派遣して、講和の斡旋をはかった。しかし、家康は「若し調わざれば、すなわち天子の命を軽んぜしめ、甚だ以て不可なり」といってこれを断った。これは「朝廷政策」のところでも述べたように、天皇を政治の圏外に置こうと思っていたし、交渉は進んでおり、朝廷の力を借りなくても成立させる自信があったからである。

一九日、講和交渉に入ったため、両軍は戦闘を停止した。この日も忠高の陣において、阿茶の局と正純は常高院と第二回目の交渉に入った。内容は家康と秀忠がはるばる出馬した印として、惣構を徳川方が破壊する。二の丸・三の丸の堀は大坂方が埋める。有楽と治長は人質を出す。そうすれば入城した牢人たちの罪は問わないというものであった。問題になっていた淀殿を江戸か駿府に居住させるとか、秀頼が大坂城を出て他国に移るとかの話はなくなっていた。こうして、前代未聞の女性による講和交渉は成功を収めた。

翌二〇日、淀殿の使として常高院・二位の局・饗場《あえば》の局の三人の女性が、茶臼山の本陣にやってきた。大坂城には後藤光次が出向き、有楽の四男武蔵守尚長と治長の嫡子信濃守長徳を人質として受けとった。

二二日、誓書の交換が行われた。城中からは使者として木村重成と郡主馬首《しゅめのかみ》が、茶臼山の本陣にやってきて、家康の誓書を受けとり、城中へは家康の使者板倉重昌と、秀忠の使者阿部正次が赴き秀頼の誓書を受けとった。重成はこの時一九歳であったが、その立ち振る舞いは見事であったという。ここに大坂冬の陣は終わったが、それはまた夏の陣の始まりでもあった。

裸にされた大坂城

一二月二四日、家康の命を受けた本多正純は、諸大名に命じて惣構の塀・柵を壊して堀の埋め立てにかかった。また、挨拶にきた大野治長に、二の丸・三の丸の堀の埋め立てを急ぐように要請した。この時、伊達政宗と藤堂高虎は、この際本丸も破壊して禍根を断ったらどうかと献策した。しかし、家康は「我故太閤の旧好を思へば、秀頼を誅さるに忍びず。今度先《まず》本丸は手指すべからず、此上秀頼恩に背き反逆に及ばば、其時はせんかたなし」といって、これを容れなかったという。だが翌二五日、正純に加えて成瀬正成と安藤直次に埋め立ての監督を命じ、正純に二の丸・三の丸の堀も、三歳の子供でも上り下りできるほどに、埋めてしまえといって、茶臼山の本陣を撤して二条城に戻った。このため、正純らは諸大名にさらに二の丸・三の丸の堀の埋め立てを命じた。大名の提出人夫は一万石から三万石までは二〇人、五万石までは三〇人、七万石までは五〇人、一〇万石までは一〇〇人、一五万石までは二〇〇人、二〇万石までは四〇〇人、二五万石までは八〇〇人、三〇万石までは一五〇〇人、一〇〇万石までは三〇〇〇人であった。

これを知った織田有楽と大野治長は驚き、正純に抗議したが、風邪ぎみで寝ていたので知らなかったとしらばくれてらちがあかない。淀殿も玉の局を遣わしたが、饗応するだけではぐらかされてしまった。監督している正成や直次に問い質しても、本多父子の指示に従っただけなのでわからないと、これも要領を得ない。このため、京都の本多正信のもとへ使を出したが、病気といって二、三日面会せず、それではと大坂城に赴いた時は、埋め立て工事はほぼ終わっていたという。正信は「某は病臥して何ごとも豚児にまかせ置しに、豚児若輩もの、何の思慮にてかかる粗忽を下知し驚入て候。御和睦の上はこれも目出度吉瑞なるべし」といって、煙に巻いて京都に戻って行ったという。大坂方は、二の丸・三の丸の堀を、自分たちで埋めるとしたのは、ゆっくり時間をかけて工事を行い、できたらうやむやにしてしまおうという魂胆であったと思われる。しかし、家康やその側近たちの方が、役者が一枚も二枚も上であった。

実際には埋め立て工事はそう簡単ではなく、特に二の丸の堀は深く幅も広かったため、堤を崩し塀を壊し、千貫櫓や有楽、治長の屋敷まで壊して、ようやく埋めることができたという。工事の終了は年を越した一月二四、五日であった。江戸に留められていた福島正則は、これを聞いて「南無三宝、サレバコソシテトラレタル」と嘆息したという。歴戦の武将である正則には、家康の魂胆がわかったのである。

この間家康は二条城で年を越し、正月三日、二条城を発って帰途についた。この慶長二〇年（一六一五）は七月一三日改元されて元和元年（一六一五）となる。駿府の側近たちは、冬の陣では家康の幕僚として活躍した。年寄の本多正純は幕僚長として全般にわたって家康を補佐し、講和交渉ではその中心となった。付家老を兼任していたが成瀬正成と安藤直次は、義直・頼宣が後方に配置されたため、その補佐は竹腰正信・水野重仲に任せ、茶臼山の本陣にあって作戦に参画し、重要事項の伝達、前線の視察を行い、特に歴戦の勇士であった直次は、直接指揮して前線の混乱を整えるなど活躍した。松平（大河内）正綱・板倉重昌・秋元泰朝らは使番《つかいばん》などの任務を果し、後藤光次は正純と共に講和交渉にあたり、金地院崇伝は本陣を訪れる大名・公家などの取り次ぎにあたった。

家康は途中鷹狩りを楽しみながら、三〇日遠江中泉に着きここで秀忠を待った。秀忠は岡山の本陣で年を越し、一九日伏見城に入り、二四日二条城に移り、二八日二条城を発って、二月七日中泉で父子の対面となった。この後本多正信・正純父子と四人で、「御審議数刻に及ぶ」という会議をもった。恐《おそ》らく大坂に対する今後の方針についてのことと思われる。秀忠は翌八日中泉を発って一六日江戸城に戻った。家康は相良・田中で鷹狩りをして、一四日に駿府城に戻った。大坂冬の陣は家康が描いたシナリオ通りに進み、さぞ満足であったであろう。

13　大坂夏の陣

東西の駆引き

京都所司代板倉勝重より、三月五日届いた報告によると、大坂方は再叛を企てている。それは米や豆を買い入れ、埋めた堀を掘り戻して浅い所は腰まで、深い所は肩に達する程である。牢人も昨年以上に集め、都を焼き払うとの風説もあるというものであった。

一三日、豊臣秀頼の使者青木一重と、淀殿の使者常高院・二位の局・大蔵卿の局・正栄尼が駿府に到着した。用件は所領の摂津・河内両国が、去年の兵乱で土民が逃散して課税もままならない。このため、城中上下共に困窮しているので、援助してほしいというものであった。一五日使者と会った家康は、近日九男義直が結婚するので名古屋へ行くが、それより京に上り、摂河両国の状況を調べてみると答えたという。

一六日、勝重より大坂方が軍勢を出して、御所をはじめ京を焼き払うとの風説が飛び、京中大騒動となっているとの報告が届いた。家康は近江彦根藩主井伊直孝・伊勢津藩主藤堂高虎・同桑名藩主本多忠政・同亀山藩主松平（奥平）忠明《ただあきら》に御所の警固を命じた。

四月四日、家康は義直と故浅野幸長の娘との婚礼のため、十男頼宣を伴って駿府を発った。しかし、これは表向きの理由で、内心は大坂が牢人たちを追放せず、武勇の士を召抱えているので、これに対応するためであったという。年寄の本多正純・成瀬正成・奉行の松平（大河内）正綱・秋元泰朝をはじめ、駿府の重立った幕臣はほとんどこれに従った。また、この時軍令も下ったから、これは出陣と同じであった。

五日掛川着。大坂から大野治長の使がやってきて、「大坂城を出て他にうつらん事は、秀頼公母子更に同意なし、幾度も陳謝せらるべき」と伝えた。この日伏見奉行長田喜兵衛義正から書状が届いた。「大坂再叛のさまいちじるしくして、京伏見まで之が為騒擾ななめならざる」という。

六日、江戸の将軍秀忠は近日出陣ということで、先発隊一番酒井家次（高崎五万石）他、二番本多忠朝（上総大多喜五万石）他、三番榊原康勝（館林一〇万石）他、四番土井利勝（佐倉四万五二〇〇石）他、五番酒井忠世（上野他の内二万石）他が続続出陣して行った。一〇日、秀忠が年寄本多正信らを引き連れて、江戸城を出陣した。この日家康は名古屋に到着。一二日浅野幸長の娘が、熱田の旅宿から名古屋城に入り婚儀が行われた。

この日勝重より報告が届いた。九日の夜大野治長が大坂城本丸から退出の途中、不意に後より切りつけられて負傷したとのこと。犯人は治長の家臣に斬り殺されて、何者か不明である。このため、徳川方の間者か、治長の弟治房が兄の権勢を妬んで用いた刺客とか、風説が乱れ飛んで城中が混乱しているという。

一七日、家康は近江水口に宿泊。秀忠の使者成瀬正武がきて、二三、四日に京都着の予定であるが、それまで合戦は待ってほしい。今度は自分に先鋒を命じてほしいと伝えた。翌一八日京都に到着し二条城に入った。この日山科辺まで、公家をはじめ多くの人びとが迎えに出た。家康はこの日も甲冑を着けず、平服のままだったので、迎えに出た人びとは拍子抜けしたという。

二一日、秀忠が伏見城に入った。秀忠が小人数だけで道を急ぎ、先発隊を追い越してきたことを知った家康は、機嫌が悪かったという。翌二二日二条城で父子対面。家康は「大坂城は堀を埋められ、要害を失ひたれば、籠城して防戦の便なし、必城外へ打て出、一戦の雌雄を決せんとすべし、御方は敵いか程ありとも速におしよせ、片端より追崩すべし」といったという。また「我すでに古希の齢にいたる打留の軍なれば、自身先陣すべし」といったところ、秀忠が「それがしかくてあらん、御父上先手《さきて》し給はん事勿躰なし、かつは諸大名の聞所もいかがなり、是非に某に先手を命ぜらるべし」と願ったけれど、家康はうんといわない。これを聞いていた本多正信が、「古より軍の前後は、陣取の場所による事と承り候。大御所は二条におはしまし、将軍様は伏見に御着陣にて敵に近ければ、将軍様御先手にすすませ給はん事、尤道理と存じ候」といったところ、家康は「佐渡はことの外古法しりなり」といって大いに笑い、秀忠の先陣を許したという。

二三日、大坂方約一万が奈良周辺を襲い、大工頭中井正清が攻城用具を作り、城中を困窮させたとして、その報復として屋敷を焼き払った。二四日、駿府に使して家康の命で京都に留っていた常高院・二位の局・大蔵卿の局・正栄尼が、和議のため大坂城に帰ることになった。常高院らが母子に伝えたのは、講和が成立したのであるから、速やかに牢人どもを放すべきところ、これを行わないどころか、新たに集めているという。また、城中常に攻戦の調練をし武具を修繕するなど、大坂再叛の風説がしきりである。秀頼にこのような意図があるとは思わないが、しばらく人心のしずまるまで、摂津・河内両国と引き換えに大和国をやるから、大坂城を出て郡山城に移ればよい。そうすれば、数年の間に大坂の城溝以下旧に復してやるということであった。講和の条件では、牢人たちの罪は問わないということで、牢人たちを召し放てとの条件はなかった。また、秀頼が大坂城を出て他国に移るなどのことも、交渉の過程では出たが、条件にはないことであった。先の読める家康は、牢人をそのままにしておくことで、やがて統制がきかない牢人たちが、問題を起こすであろうから、これを口実に再戦にもっていこうと考えていたと思われる。

大坂方では、使に出した青木一重や常高院らがなかなか戻ってこない。そのうちに、徳川勢が京坂に向かっているとの情報も入ってくる。会議の結果、秀頼は再戦を決意した。城兵一〇万を二手に分け、家康と秀忠の本陣を急襲して雌雄を決しようと定め、自ら天王寺・住吉・岡山辺を巡見した。このため、城兵の士気は大いに高まったという。こんな時に常高院らが戻ってきたのである。再び会議がもたれた。豊臣譜代の多くは、前の強硬意見とはうって変わって、「関東の命にまかせ和州にうつり、時を待を上策とす」という消極的なものであった。これに対して、譜代の若い一部の部将は、「和州にうつり給ひ、益《ますます》国窮して遂に餓死せんよりは、思めし定められ、君臣同じく社稷《しやしよく》と存亡を共にせらるべきなり」と反対した。牢人衆は「関東の詐謀に陥り恥を後世に残さんより、はなばなしく一戦に勝敗を決し給ふこそ、勇将剛士の本意なれ」とこれに同調した。大体五、六万にも及ぶ牢人を集めておいて、これを召放し、譜代の者たちだけで大坂城を出るなど、できない話である。牢人を集めた時点で運命共同体となったのである。

淀殿・秀頼母子は、堀の埋め立ての一件で腹を立てていたこともあり、再戦を決意した。母子は七組の頭の一人、伊東長次を使者として「太閤数年心力をつくし築かれし城を出て、他にうつる事は決してかなふべからず。また新入の兵士を追はなつ事もなしがたし。この事両御所御こころに叶はずば、一戦して討死するの外なし、御人数をむけらるべし」と伝えたという。また、怒った淀殿は妹の常高院を城から追い出したという。京都に留められていた青木一重は、家康に内通していたといわれるが、元来は家康の家臣であった。どのような事情があったのか、元亀三年（一五七二）に家康のもとを去って丹羽長秀に仕え、その死後豊臣秀吉に仕えて摂津・備中・伊予のうちで一万石を与えられた。その弟可直《よしなお》は、家康の旗本となり冬の陣にも従っている。大坂落城後剃髪したが、呼び戻されて本領を安堵され、二〇〇〇石を加増されて摂津麻田藩主となった。なお、これより前、内通していた淀殿の伯父織田有楽は、その子頼長と共に大坂城を去っている。有楽は冬の陣の前に、大坂城を退去した織田常真（信雄）同様、豊臣家と運命を共にする気は毛頭なかったのである。淀殿のまわりには、このような無責任な者たちが多かったといえよう。

大坂平野へ出陣

四月二六日、伏見城から秀忠が二条城にやってきて家康と打ち合わせ。いよいよ二八日大坂へ出陣と諸大名に発令された。六男松平忠輝は大和口の総大将を命じられ、その先鋒は家康の特命で水野勝成となった。秀忠は河内路を進むことになり、その先鋒は藤堂高虎と井伊直孝が命じられた。両軍は道明寺（藤井寺市）で合流することになる。しかし、雨のため延期となった。

二九日、樫井（泉佐野市）に進出した和歌山藩主浅野長晟《ながあきら》の陣に、大野治房・道犬治胤兄弟・塙団右衛門直之らの隊が攻撃をかけた。浅野隊はよく戦ってこれを撃退し直之の首をあげた。直之は矢を受けて落馬したところを囲まれて、首級をとられたという。

五月三日、家康・秀忠出陣の日であるが、また延期となった。理由は板倉勝重から、家康が出発した後京都に潜んでいる大坂方の者が、御所をはじめ洛中に放火するとの報告が入ったからである。そして、古田織部正重然《おりべのかみしげより》が内通していて、二条城を攻略し、市中に火をかけ、後水尾《ごみずのお》天皇と後陽成上皇の幽閉を計画したとして逮捕された。重然は一万石の大名で、千利休の高弟で織部流茶道の開祖である。冬の陣では徳川方として参戦し、流れ弾が右目の上にあたったため、心配した家康が侍医の片山宗哲に治療させている。これが内通とは不可解であるが、真相は不明である。

五月五日、二日間降り続いた雨が上がり快晴となった。家康は午前一〇時頃一万五〇〇〇を率いて二条城を出陣。続いて義直も付家老成瀬正成・竹腰正信を先鋒として、一万五〇〇〇を率いて出陣。頼宣も付家老安藤直次・水野重央を先鋒として、一万余を率いて出陣した。秀忠も同時刻、六万五〇〇〇を率い、伏見城を出陣した。家康は出陣にあたって諸隊に対して、「今度の合戦さのみ日を費すべからず。三日の糧を用意してうちたつべし」と命じ、台所頭の松下常慶にも米五升・干鯛一枚・梅干・味噌・鰹節だけ、余分なものは持つなと命じている。堀のない大坂城は役に立たず、今度は得意な野戦になるから、自信があったためであろう。

五月六日の戦い

大坂方では後藤又兵衛基次が、五日夜半から六日にかけて、大和口へ向かい道明寺に進出した。これは作戦会議で、真田信繁（幸村）・毛利勝永らとここで合流して、徳川勢を迎撃する予定であったからである。ところが、徳川勢の動きは早く、先鋒の水野勝成隊が、道明寺に接近しつつあることを知った。このため、早朝片山に陣を敷き上から水野隊を銃撃した。後藤隊二八〇〇は地の利を生かして奮戦したが、水野隊に続き松倉重政・丹羽氏信・堀直寄・伊達政宗・桑山元晴・本多忠政・松平（奥平）忠明隊が続続と押し寄せた。これに対して後藤隊には、薄田兼相隊が駆けつけただけであった。衆寡敵せず、正午近く先頭に立って奮戦していた基次が、伊達隊の銃撃を受けて壮烈な戦死をとげると、指揮官を失った後藤隊は潰走をはじめた。兼相も冬の陣で失敗して、橙武者と呼ばれた汚名を返上しようと、勇戦したが水野隊に討ち取られた。基次の奮戦は「御手柄、源平以来あるまじき」といわれ、徳川勢の中にあった細川忠興も、五月一一日付の書状で、「さなだ、後藤又兵衛手がら共、古今これ無き次第ニ候」と、その奮戦を絶賛している。

濃霧のため遅れたといわれている真田・毛利隊六〇〇〇が、戦場に到着したのは、基次・兼相が戦死した後であった。それにしても、この連携の悪さはどうしようもない。ただでさえ劣勢の豊臣勢である。いかに個個の部隊が善戦しようとも、これでは勝利は覚束ない。敗兵を収容しつつ両隊も戦闘に入った。真田隊三〇〇〇は万を超す伊達隊を圧倒し、道明寺の南誉田《こんだ》に後退させた。しかし、信繁も負傷したこともあり、藤井寺の辺りに後退した。徳川勢も早朝からの戦闘に疲れ、損害も多く、夕暮れ時になったこともあり、誉田・道明寺辺りに陣を敷き対峙となった。これを道明寺表の戦いという。

この時、大和口の総大将を命じられていた松平忠輝の越後勢一万二〇〇〇がやっと到着した。この越後勢の動きは緩慢で戦意も感じられない。多少行軍の疲労はあろうが、一戦も交えていない大軍である。ただちに追撃にかかれば、それなりの戦果をあげることができたと思われる。しかし、老臣たちは日暮れでもあり、夜になっては地理に不案内なこちらは、不利だといって止めたという。こんな体たらくだから、「明くれば七日の合戦にも合はせ給はねば、然るべき首一つも参らせられず」と、翌七日の決戦でも同様であった。怒った家康は、忠輝が来ても会おうともしなかったという。これが後の改易につながった。

この朝、河内路の先鋒藤堂高虎と井伊直孝隊は、道明寺目指して出陣し、八尾・久宝寺辺りにさしかかった。この藤堂隊に霧の中から長曽我部盛親隊が突撃した。このため、藤堂隊は重臣六名が相次いで討死するという、苦戦をしいられた。井伊隊には木村重成隊が突入してこれを圧倒したが、井伊隊は四天王の一人直政が鍛えた徳川軍団の中でも、勇猛をもって知られた部隊である。鎧兜を真赤に染めた赤備《あかぞなえ》で有名な部隊は、やがて木村隊を撃破し、踏み止まって力戦した重成を討ち取った。重成の首は家康に届けられ、首実検が行われた。重成は今日が最後と心に決めていたのであろう。頭髪に香をたきこめていて、家康らを感心させたという。藤堂隊は小田原攻めの山中城攻略で活躍した渡辺勘兵衛了《さとる》の奮戦もあって、長曽我部隊を圧倒した。藤堂・井伊両隊の後からは、榊原康勝・小笠原秀政隊などが次次と参戦したため、盛親は疲労困憊して兵をまとめて後退した。この時、長曽我部隊に属して戦っていた増田盛次が戦死した。盛次は関ヶ原で改易となった長盛の子である。徳川義直に仕えて冬の陣では徳川方にいたが、大坂方が勝てば喜び、徳川方が勝てば悲しんだという。これを知った家康は、豊臣家に対する恩を忘れないその志に免じて、大坂城に入ることを許したという。この戦いを八尾・久宝寺の戦い、あるいは八尾・若江表の戦いという。

家康と秀忠はこの日平岡に本陣を置き、明日の合戦の手配を行った。藤堂・井伊隊は、多くの死傷者を出したため先鋒を免じられた。直孝が明日も先鋒を願ったので、家康は喜んだがこれを第二陣に下げた。そして、天王寺表の先鋒を松平（越前）忠直隊に、岡山筋の先鋒を前田利常隊と決めた。ところが、天王寺表の先鋒を本多忠朝隊に変更した。本多富正と同成重の両家老が本陣を訪れると、家康は「今日道明寺、八尾、若江の合戦最中、越前の者共は昼寝して居たるにや」と、消極的な戦いぶりに御機嫌斜めであった。これを聞いた忠直は悔し涙を流し、家臣一同明日を期して、夜中に陣を天王寺の西方に進め夜明けを待った。

五月七日の決戦

翌七日は決戦の日となった。午前五時頃、秀忠が岡山へ向って出陣した。先鋒は前田利常・加藤嘉明・黒田長政らである。嘉明と長政は、冬の陣では江戸に留め置かれたが、夏の陣では参戦を許された。しかし、福島正則は今度も江戸に留め置かれた。二番手は藤堂高虎・井伊直孝・細川忠興・本多康紀らと旗本たちで、その後に義直・頼宣隊が続いた。家康は午前七時頃、天王寺を目ざして出陣した。この時御機嫌伺いにきた藤堂高虎が、甲冑を着けない家康に理由を尋ねたところ、「あの秀頼の若年ものを成敗するに、何とて具足の用あるものぞ」と答えたという。しかし、側近の松平（大河内）正綱には、「まことは年寄て下腹がふくれしゆへ、物の具しては馬の上下も叶はぬゆへ着ざるなり。何事も年よりては、若きときとは大にかはるものなり」といって、輿に乗って出発したという。

先鋒は本多忠朝・真田信吉・浅野長重・秋田実季らである。二番手は小笠原秀政・松平（藤井）信吉・松平（久松）忠良・仙石忠政・酒井家次・榊原康勝らである。大和・伊勢・美濃の諸隊は、昨日の道明寺表の戦いで損害を出しているので、今日は住吉の方に備えよと命じられた。水野勝成は大和組を、本多忠政は伊勢組を、松平（奥平）忠明は美濃隊を率い、この後に伊達政宗・松平忠輝隊が続いた。池田利隆・同忠雄・同長幸《ながよし》の池田一族二万は船場・天満・京橋に備え、京極忠高・同忠知・石川忠総らは搦手に向かうべしと命じられた。

これに対して大坂方も、今日が最後と決意を固め、秀頼と近習を残しただけで、ほとんどが大坂城を出て布陣した。茶臼山とその周辺に真田信繁・大谷吉胤・渡辺糺ら、天王寺口に毛利勝永ら、天王寺と毘沙門池の間に大野治長、天王寺と岡山の間に長岡興秋ら、岡山口には大野治房・治胤兄弟、天王寺と惣構の間は親衛隊である七組が陣を敷いた。明石全登は遊軍的存在で、西国勢の押さえとして船場にあったが、信繁と示し合わせて、真田隊の相手の後方にまわり攻撃する手筈となっていた。兵力は徳川勢一五、六万、豊臣勢

五、六万という。徳川勢が冬の陣より少なかったのは、九州勢や毛利勢の到着が遅れていたからである。小倉藩主細川忠興は、本隊を嫡子忠利にまかせ、自身は小勢だけで道を急ぎ、五月三日にやっと到着して決戦に間に合った。長門長府藩主毛利秀元は、本家の萩藩主秀就の行動が鈍いため、自藩の人数だけで駆け付け、七日の決戦の後半に到着して首級三〇〇級をあげた。以後続続と到着したが、いずれも夏の陣の終了後であった。鹿児島藩主島津家久は、途中で落城の報告を受け、一万三〇〇〇の兵を帰国させ、近臣だけつれて六月二日やっと尼崎に上陸した。

大坂城の南に展開した徳川勢は、午前一一時頃天王寺口の先鋒本多忠朝隊が、毛利勝永隊を銃撃したことから、決戦の火蓋が切られた。岡山口の先鋒前田利常隊二万は、軍令を待っていたが、天王寺口方面からの銃声を聞くや、大野治房隊に攻撃をかけた。兵力に劣る豊臣勢ではあったが善戦し、特に牢人衆が奮戦し、しばらく一進一退の状態が続いた。中でも獅子奮迅の働きをしたのが真田隊であった。甲冑から旗まで赤一色にまとめられた赤備の三〇〇〇余は、一丸となって奮戦し、隙を見て家康の本陣に突入した。この猛攻を受けて本陣は混乱し、家康も後退せざるをえなくなった。この時、槍奉行として本陣にいた大久保彦左衛門忠教《ただたか》は、その著『三河物語』で、「みかたか原にて、一度御旗の崩申より外、あとさきに陣《いくさ》にも御旗のくつれ申事なし」といっている。家康はこれまで数多の合戦を経験してきたが、本陣が崩れて危ない目にあったのは、武田信玄に撃破された三方原の戦いとこの時の二回であった。幕府の記録である『徳川実紀』には、この件の記述は一切ない。『徳川実紀』は家康が「東照神君」と神格化された以降の編纂物のため、家康に傷がつくような記述は、意図的に避けたためであろう。

しかし、後続部隊のない真田隊の奮闘もここまでであった。越前隊の攻撃を受けて力尽き、次次に倒れていった。信繁（幸村）は三度目の突撃で重傷を負って倒れていたところを、松平忠直の家臣西尾仁左衛門に討ちとられた。『薩藩旧記』には「真田日本《ひのもと》一之兵《つわもの》、いにしへよりの物語ニも之れ無き由」とあり、細川忠興もその書状に、「さなだ、後藤又兵衛手から共、古今之れ無き次第ニ候」と記して絶賛している。

秀忠の本陣も午後二時頃、混戦の中で大野治房隊等の攻撃を受けた。秀忠自ら槍をとって向かおうとしたが、側近の安藤重信が乗馬を押さえてこれを止めたため、采配を振って叱咤激励して体勢の立て直しをはかった。この時、本多忠純・加藤嘉明・黒田長政隊が駆けつけ、反撃に移りこれを撃退した。合戦終了後家康は、「比類無き御手柄」であるといって秀忠を誉めた。秀忠は戦いではじめて家康に誉められ落涙したという。

大野治房隊の西側では、兄の治長隊が前田隊と戦っていたが、本多康紀・遠藤慶隆隊等が右翼から攻撃を加えたため後退した。本多忠朝隊は、左翼に連なる秋田実季・浅野長重・松下重綱・六郷政乗隊と共に、毛利勝永隊と戦っていたが、秋田隊以下が毛利隊の猛攻を受けて崩れはじめた。そこを二番手の小笠原秀政・榊原康勝・酒井家次・稲垣重綱・保科正光隊が進出してきて撃退した。船場にいた明石全登隊が天王寺口に進出した時には、すでに真田隊が全滅した後であった。信繁の討死を知ると、全登もここで討死と覚悟を決めて突撃した。このため、徳川勢は浮き足立ちまさに潰走という時、怒った水野勝成がこれを迎え撃った。明石隊は小勢だったためやがて敗れ、全登の首は勝成の家臣汀《みぎわ》三右衛門があげた。奮戦した毛利隊が敗退すると、その後方にいた七組が入れ替わって戦ったが、井伊直孝・藤堂高虎隊に細川忠興隊も加わったため敗退した。こうした中で大谷吉胤も戦死した。

一方徳川勢の軍功第一は、松平忠直率いる一万五〇〇〇の越前隊であった。前日家康から、「合戦最中、越前の者共は昼寝して居たるにや」と侮辱されて、先鋒をはずされ悔し涙を流した忠直主従は、明日こそ汚名返上と夜の明けるのを待っていた。二陣に下げられていた越前隊は、軍令があるまで動くなと命じられていたが、これを無視して前田隊の真中を強引に通って、先鋒の本多忠朝隊の左翼に陣を進め、本多隊に続いて攻撃に入った。その奮闘振りは見事で、真田信繁・大谷吉胤・渡辺糺等の諸隊を撃破し、船場口より大坂城の黒門へ押し入って旗を立てた。大坂城一番乗りである。戦後上方では、「かかれかかれの越前兵、たんだかかれの越前兵、命しらずの裾黒《つまぐろ》の旗」という歌がうたわれたという。これによってもその奮戦振りがうかがえよう。家康もその夜、忠直が茶臼山の本陣に来た時には、その手をとって「今日の一番功名ありてこそげにわが孫なれ」と、賞賛したという。

本多忠朝は四天王の一人本多忠勝の次男である。忠勝は井伊直政に勝るとも劣らぬ軍功があったが、直政の一八万石に対して一〇万石であった。家康はこのためか忠勝に五万石を加増しようとしたが、固辞して受けとらなかったため、次男の忠朝にこれを与えた。忠朝は冬の陣の時、割り当てられた場所が川の前で、しかも深かったため、これでは存分に戦えないといったところ、家康に「汝が父の軍《いくさ》せし事、山をも川をも嫌はざりき」と怒られた。このため、次の合戦では討死してこの恥を雪ごうと決意していた。この日の戦いは、忠朝隊の銃撃からはじまった。激戦の中で左翼の秋田実季・松下重綱・浅野長重・六郷政乗隊が崩れても一歩も引かず、勇猛大力の忠朝は百里という駿馬に跨り、鉄棒を振りまわして駆け回り、自ら数十人を打倒して壮烈な戦死をとげた。主人を失った家臣たちも、その場を一歩も退かず戦い、多くの戦死者を出したという。

小笠原秀政は前日の戦いの時、前方の沼を渡って攻撃しようとしたところ、軍監の蒔田信吉（重信）から、「卒忽にかかるべからず」と制止されたため、攻撃が遅れて戦果をあげることができなかった。このため、将軍秀忠の不興を買い、秀政も名誉挽回を機していた。二番手にいた小笠原隊は、毛利勝永隊と戦っていた秋田・松下・浅野・六郷隊が崩れるのを見て、その救援に駆けつけた。毛利隊にも大野治長隊が駆けつけ乱戦となった。秀政自ら槍を振るい、折れると従者から槍をとって奮戦し重傷を負った。長男忠脩《ただなか》も奮闘して戦死し、次男忠真も七カ所の深手を負った。小笠原家臣団も本多同様、秀政父子を守って奮戦し、「討死するものあげてかぞかたし」といわれた。この夜秀政は傷がもとで没した。後に加藤嘉明が家康に、「小笠原父子三人とも、報国の志をあらはしたる奮戦比類なく、感じ入候」といったという。

榊原康勝も前日、秀政同様軍監の蒔田信吉に制止されて、攻撃できずにいた。堪りかねた家老伊藤忠兵衛正重は、信吉の制止を振り切って前進し戦闘に加わったが、十分な戦果をあげることができなかった。家康のもとには、諸将があげた首級の数が次次と報告されるが、康勝のもとからは一向に報告がない。遠江守康勝は四天王の一人康政の嫡子である。家康は「遠江は何としたる事ぞ、鷹の鳶《とんび》を生たるか」といったという。その後康勝からも七〇余級が届いたため、「鷹が鷹を生し」といって機嫌をなおしたという。こんなことから、七日の合戦では二番手にいたが、左翼隊が崩れると、小笠原隊と共に突進してこれを立て直した。康勝は腫物を病んでいたが、無理して冬・夏の陣を戦ったため、この月二七日京都で二六年の短い生涯を閉じた。康勝には子がなかったため、家康は「大須賀家も閥閲《ばつえつ》の功労他に殊なりといへ共、榊原が家には比すべからず」といって、康勝の兄忠政の子の松平（大須賀）忠次に榊原家を継がせた。このため、大須賀松平家（遠江横須賀五万五〇〇〇石）は断絶となった。

家康はかつて豊臣秀吉に、徳川殿の宝は何かと聞かれた時に、「某がためには、水火の中に入ても、命をおしまざるもの五百騎ばかりも侍らん、これをこそ家康が身に於て、第一の宝」といったというが、ここにあげた本多・小笠原・榊原らはその一人であろう。家康の側近の中では、今度も安藤直次の活躍が光った。頼宣の付家老とはいえ、冬の陣同様家康の幕僚として働いた。七日の決戦では、本陣と諸隊の間を駆け廻り、命令の伝達や戦況報告をし、藤堂高虎隊の先鋒が崩れはじめると、これを指揮して立て直し、井伊直孝隊の孕石豊前や広瀬左馬らが戦死して、浮き足立つとこれも立て直して戦った。この時長男重能が戦死したが、「男児難におもむきて辺野に死せん事を要す。今なんぞおどろくにたらんや」といって、敵を追撃したという。この直次が本陣に戻ってきて、喉が渇いたからと茶弁当頭の坊主に水を所望したところ、上様の茶碗しかないからと断わられた。これを聞いた家康は、「かかるとき、上下の隔があるものか、うつけめ」と坊主を叱り、その茶碗で水を飲ましたという。

午後二時頃になると戦いの趨勢がはっきりしてきた。細川忠興は嫡子忠利に宛てた七日付の書状に、「半分は此方、半分は大坂方勝ニて候ひつれ共、此方の御人数多くこれ有ニ付御勝ニ成」と書いている。劣勢の豊臣勢はよく闘った。しかし、所詮は多勢に無勢である。数ではるかに上まわる徳川勢の勝利は時間の問題であった。家康は真田信繁の陣地であった茶臼山に本陣を移し、秀忠も岡山に本陣を移した。

搦手に向かった京極忠高・同高知・石川忠総隊が、仙石秀範隊などを撃破すると、豊臣勢は総崩れとなった。秀頼は信繁の出馬要請があったため、頃合いを計って出撃しようと桜門まで出てきていた。しかし、城内の反忠《かえりちゅう》の者が、秀頼出撃の後城内に火をかけるとか、寄手を引き入れるとかの風聞があったため、躊躇しているうちに時機を失ってしまった。敗れて戻ってきた大野治長から、真田や明石らの戦死を聞くと、自身も打って出て討死しようとしたが、速水守之が「乱軍の中へ御出馬其詮なし、もし城陥らば其時御自殺あるべし」といって諌めたため、本丸に戻ったという。

家康は最後は大坂城を包囲攻撃することになるが、その際天満口を空けておくように命じていた。それは逃げ道がないと、死に物狂いになった城兵によって、味方の損害が増大するのを避けようとしたからで、さすが千軍万馬の家康である。敗兵が城に戻ってきはじめた頃、三の丸の厨房から火の手が上がり燃え広がった。徳川方に寝返った台所頭が放火したものという。城内に突入した越前兵も、大野治長邸に火をかけたため、二の丸も燃えあがった。こうした中で、七組の頭中島氏種・堀田勝嘉・真野頼包・野々村雅春・渡辺糺とその母正栄尼が自決した。やがて本丸にも火が移った。淀殿・秀頼母子は、大野治長・速水守之らに護られて山里曲輪の庫に逃れた。

日も暮れて七日の激戦も徳川方勝利のうちに終わった。大野治長は母子助命のため、秀頼の夫人千姫を逃し、自身の家臣米村権右衛門を使者として茶臼山へ派遣した。家康は母子の処分を将軍秀忠に一任した。戦闘終了後、諸大名が次次と戦勝祝いにやってきた。上機嫌の家康に、畠山山城入道入庵（義春）が「何事も思召のままなり」というと、「また勝たるは」といって喜んだという。天下分け目の関ヶ原の戦いに続いて、生涯を締めくくる戦いに勝利して大満足だったのであろう。

豊臣家の滅亡

五月八日、将軍秀忠は長女千姫と米村権右衛門の嘆願を退け、母子の切腹を命じ、それを家康に報告した。正午過ぎ頃、山里曲輪（帯曲輪）の庫に立て籠っていた淀殿・秀頼以下全員が自決し、火がかけられた。淀殿四七歳（四九歳）、秀頼二三歳であった。母子に殉じたのは大野治長・速水守之・毛利勝永・真田大助・大蔵卿の局（治長の母）・饗場《あえば》の局（内藤新十郎の母）、右京大夫《うきょうのだいぶ》の局（秀頼の乳母）・宮内卿の局（木村重成の母）など三二人という。

淀殿は五歳の時に、近江小谷で落城を経験し父浅井長政を失っている。次いで一五歳の時に、越前北ノ庄の落城を経験して、母お市の方（小谷の方）と義父柴田勝家を失っている。また、二二歳の時には、豊臣秀吉の陣中にあって相模小田原の落城を見ている。このため、孤立無援の城の落城は、時間の問題ということを身を持って体験しているのである。その彼女が大坂に籠城とは何を血迷ったのであろうか。豊臣恩顧の大名に期待したとしても、それが得られなかった時点で、どんな条件でも受け入れるべきであった。それが豊臣家存続の唯一の道であった。ましてや戦いがはじまった以上、冬の陣での講和など論外である。その程度の決意で開戦したのであれば、あまりにもお粗末といえよう。豊臣家を滅亡させたのは、大野治長兄弟やその母大蔵卿の局などの、取り巻き連の意見のみいれて、大坂城の外にあって、豊臣家の将来を心配して諫言した高台院らを無視してきた淀殿であった。それにしても牢人たちはよく戦った。秀頼は総大将といっても名目にすぎず、大坂方には事実上総大将がいなかった。このため、戦闘全体を見て適宜に部隊を動かすことができず、個個の部隊の善戦で終わり、統一された戦いができなかった。「さなた、後藤又兵衛手から共、古今にこれなき次第に候。木村長門、明石掃部も手柄にて」と、真田信繁（幸村）、後藤基次・木村重成・明石全登らは、敵側からその戦いぶりを賞賛された。この大坂夏の陣後を「元和偃武《えんぶ》」という。「偃武」とは武器をおさめることで、戦いの終了を意味する。彼等は戦いの時代の最後の合戦で、その名を歴史にとどめたのである。

八日は快晴であったが、家康は「かかる跡は大雨なり」といったという。午後四時頃茶臼山を発って京都へ向かったが、予言通り守口辺りから雨が降り出し、枚方では、篠突くような大雨となった。家康は輿から馬に乗り換えて道を急ぎ、午後八時頃に二条城に戻った。濡れたとはいえ五月（太陽暦六月）の雨である。生涯の大仕事を成し遂げた家康にとっては、心地よい雨であったかもしれない。

論功行賞

夏の陣終了と共に、大坂方の残党狩りがはじまった。『駿府記』には、「一四日、方々より落人首六百余持来……十五日、大坂伴党七十二人、粟田口并に東寺辺に梟首」とある。その一方で、家康は秀頼譜代の者が主人のために戦うのは、義であるからとこれを赦し、大籠城した牢人たちも赦して、「心まかせに誰家なりとも仕官すべし」とした。しかし、大野兄弟のような者、及び関ヶ原の戦いで一度赦された者は、再犯であるからと赦免はなかった。

五月一一日、長曽我部盛親が捕らえられ、一五日に京都六条河原で斬首され、三条河原に晒された。秀頼と千姫の間には子供はなかったが、側室（成田五兵衛助直の娘）との間には一男一女があった。一二日七歳の娘が捕らえられたが、処刑されることなく、後に縁切寺で有名な鎌倉東慶寺に入れられた。娘は天秀尼と称し豊臣家の菩提を弔いながらその生涯を閉じた。八歳の国松丸は二一日に捕らえられ、二三日六条河原で斬首された。これによって秀吉の血筋は絶えた。また、この二一日には大野治胤が捕らえられ、六月二七日堺で斬首されて晒された。これは治胤が堺が徳川方に内通しているとして、焼き払ったからである。こうした中で、七組の頭の一人伊東長次は、岡山口で戦い退却の時、大坂城に火の手が上がったため高野山に落ちた。ここで母子の自害を知って切腹しようと、幕府に検使を求めたところ、家康はこれを赦したばかりか、本領一万三四三石も安堵して、新たに備中岡田にこれを与えた。同じ七組の頭青木一重のように、内通していたのであればともかく、その裏にどんな事情があったのであろうか。

五月二七日、六日に戦死した増田《ました》盛次の父長盛が切腹させられた。長盛は関ヶ原の戦いで改易されたが、処刑を免れ武蔵岩槻藩主高力忠房に預けられていたものである。六月六日細川忠興の次男長岡与五郎興秋が、忠興によって切腹させられた。本来は死罪であるが、これまでの忠興の忠節によって赦されたが、忠興としてはこれを受容することができなかったのであろう。一一日、大坂に内通し、京都を焼き払おうとしたとして捕らえられていた古田重然が、長男重広と共に切腹させられ、一万石を没収された。

家康は我が子に対しても厳しかった。前述のように六男忠輝が大和路の総大将でありながら、六日の合戦に遅れ、七日の決戦でも全く戦果をあげることができなかった。その上大坂に向かう途中近江守山で、自軍の脇をすり抜けようとした旗本二人を、無礼討にしたことがわかったため、忠輝を勘当した。生母茶阿の局が嘆願しても許さなかった。家康は改易を考えていたと思われるが、その処分は将軍秀忠に任せた。自分の死後秀忠が弟を改易にすることによって、その権威を高めさせようとしたのである。

六日、七日の戦いで、徳川勢が得た首級《しるし》は一万四五三四級（一説に一万八八六四級）という。中でも多かったのは松平（越前）忠直隊の三七五三級、前田利常隊の三二〇〇級、藤堂高虎隊の八六八級、池田一族の六二一級、伊達政宗隊の五二五級、京極高次隊の三六〇級、井伊直孝隊の三一五級、本多忠政隊の二五三級、本多忠純隊の二一七級、鳥居忠政隊の二〇八級、森忠政隊の二〇六級、京極忠知隊の二〇二級などであった。

これらに対する恩賞であるが、関ヶ原の戦いと異なり、滅ぼした豊臣家の領地は六五万七四〇〇石にすぎず、これに古田重然の一万石を加えたものがその対象となるが、僅かである。この他、前年とこの年他の理由で没収した領地二九万三〇〇〇石を合わせても、九六万石余である。軍功第一は松平忠直であるが、家康は忠直の手をとり、「今度の軍功莫大なり」と称賛して初花の茶壷を与え、将軍秀忠も貞宗の太刀を与えた。のち従三位参議に昇進したが、家門であるからと加増はなかった。伊達政宗には長男秀宗に、富田信高改易後の伊予宇和島一〇万石が与えられた。秀宗は元服の時、豊臣秀吉からその偏諱を与えられて秀宗と名乗り、豊臣家との関係が深かった。また生母は側室であった。これに対して九歳下の忠宗の生母は正室であり、元服にあたっては秀忠の偏諱を与えられた。こんなことから、秀宗は分家となる運命にあったといえよう。政宗自身は忠直同様従三位参議に昇進した。

徳島藩主蜂須賀至鎮《よししげ》は、淡路一国八万五一四〇石を加増されて二五万六九四〇石となった。五万石を加増されたのは、井伊直孝、松平（奥平）忠明《ただあきら》、藤堂高虎と、内通した織田常真（信雄）である。三万石の加増は徳川義直と水野勝成。二万石の加増は松平（越前）忠昌と秀忠の側近土井利勝、安藤重信である。一九歳の忠昌は七日の戦いで兄忠直の先鋒にあって奮戦し、家康から「汝若年にてみづから高名せしは、抜群の働なり」と誉められた。一万八〇〇〇石の加増は本多忠純と佐久間勝之、一万二〇〇〇石の加増は片桐且元である。大坂城を退去した後の且元は、ひたすら家康の御機嫌をとることに終始した観がある。夏の陣終了後、病を得て京都の屋敷で六〇年の生涯を閉じた。秀頼の自決から二〇日後のことであった。

一万石の加増は内藤政長で、加増によって一万石の大名になったのは、秀忠の側近井上正就、内藤政長の子忠興・堀直重・建部政長・池田重利であった。二番目に多くの首級をあげた前田利常は、一一九万石余ということから、従三位参議に昇進したのみで加増はなかった。内通していた織田有楽（長益）は、本領三万石のままで加増はなかった。甥の常真との違いは何なのであろう。また、戦死した本多忠朝や小笠原秀政・忠脩父子にも加増はなかった。旗本たちが討ち取った首級は二九五級という。これら旗本に対して二〇〇石から二〇〇〇石の間で加増が行われた。この他、講和で活躍した側室阿茶の局に対しては、その孫の神尾《かんお》守勝に一〇〇〇石が与えられ、従五位下宮内少輔に叙任された。

これらの加増によって、松平（奥平）忠明は伊勢亀山五万石から、豊臣家滅亡後の大坂に転封されて一〇万石を領した。内藤信正は近江長浜四万石から摂津高槻四万石に、水野勝成は三河刈谷三万石から大和郡山六万石に転封した。これによって、これまで一門譜代の配置がなかった摂津国に譜代藩が二藩、大和国に一藩が成立し、近畿地方の主要部である摂津・山城・大和・丹波・近江国が一門譜代大名で固められた。しかし、中国・四国・九州地方には配置がなく、二代将軍秀忠の課題となった。

戦後二条城に留まっていた家康は、金地院崇伝に起草させた『武家諸法度』『禁中並公家諸法度』、各種『寺院法度』を次次と発布し、八月四日二条城を出て帰途についた。駿府城に戻ったのは二三日であった。この大坂冬・夏の陣は、家康が描いたシナリオ通りにことが進んだといえよう。もしシナリオに狂いがあったとしたら、それは籠城した牢人衆の善戦と、真田信繁（幸村）の奮戦だったであろう。これは家康にしても想定外のことであったと思われる。そして、これは後世のことになるが、方広寺の鐘銘事件によって、強引に豊臣家を滅ぼしたと思われて、非難されたことである。家康が「狸おやじ」と呼ばれるのは、判官《はんがん》贔屓の裏返しである。悲劇的な最後を遂げた者に対する、日本社会特有の感情である判官贔屓で、自分が批判されるとはこれも想定外のことだったであろう。

家康はある夜話しの際、源頼朝が弟の範頼や義経を殺したのは問題だとの意見が出た時、「それは世にいふ判官びいきとて、老嫗《ろうう》児女など常に茶談にする事にてとるにたらず」といって否定している。家康はこれまで見てきたように我慢強く、慶長一〇年以降度度豊臣家に存続する機会を与えてきた。それを拒絶して滅亡への道を選んだのは、豊臣家自身であった。

14　我が像を西に向けよ　―七五年の生涯―

三代将軍は家光

駿府城に戻った家康は、しばらく駿府近郊で鷹狩りを楽しんでいた。これを知ったためか、将軍秀忠は関東にて鷹狩りを楽しまれてはと誘ったところ、家康は喜んでこれを受けた。九月二九日、本多正純・松平（大河内）正綱・板倉重昌・秋元泰朝ら百人余をつれて駿府城を出発した。途中鷹狩りをしながら一〇月九日神奈川に着き、秀忠の出迎えを受けた。翌一〇日竹千代（家光）・国松（忠長）及び諸大名の出迎えを受けて江戸城西の丸に入った。

家康が竹千代（一二歳）と国松（国千代、一〇歳）を前に、兄弟の別を示したのはこの時のことと思われる。温和な嫡子竹千代に対して、三男の国松は幼少の頃から大変聡明で、生母お江与の方（小督）に溺愛された。夫人の影響からか秀忠も国松を可愛がったという。このため「諸人多くは国千代殿を尊崇して、此御部屋へ奉る物も数々にして、竹千代君の御方は、何となく徒然にのみ渡らせ給ふ。仍て国千代殿奢らせ給ふ事云ふばかりなし」であった。これを心配した家康は、慶長一七年（一六一二）にお江与の方に二七カ条におよぶ訓戒状を与えている。しかし、お江与の方は改めようとしなかったため、竹千代の乳母春日局（お福）は、意を決して駿府城に赴き、側室のお勝の局の協力を得て家康に訴えたのである。

西の丸で両人と対面した家康は、竹千代を上座に座らせ国松を下座とし、菓子を与えるにもまず竹千代を先にして、惣領である竹千代と三男の国松との地位の差をはっきり示した。また、来年は竹千代をつれて京都に上り、元服させようと思うともいったという。

家康が二代将軍を決めた時は、長男の信康が故人となっていたため、次男の秀康を差し置いて三男の秀忠にした。それは、武将としての資質は秀康の方が上であったが、関ヶ原の戦い以後、再び戦乱の世に戻ることはまず考えられない。そうであるならば、武勇より文徳の方が優先する。家康は前述のように、幕藩体制の確立にあたって、二元的な政治を考えていた。そのためには、家康の命令を素直に聞いて実行する人物でなくてはならない。この点秀忠は、孝心厚く誠実、恭謙な人といわれて、この条件にあった人物であった。また、秀康は豊臣秀吉の養子という形で人質となり、のちさらに結城晴朝の養子となって結城家を継いでいた。このような事情で三男秀忠を二代将軍としたが、三代目ともなれば幕府の基礎は強固になっている。この段階になれば、凡庸であっても補佐する者たちがしっかりしていれば問題はない。それよりも、兄弟の対立抗争の方が、幕府を内部崩壊に導きかねないと思ったのではないか。秀忠も無論これを理解したであろう。

こうして、懸案を解決した家康は、二一日から一一月二七日までの一カ月余を、江戸周辺の戸田・川越・忍《おし》・岩槻・越谷《こしがや》・千葉・船橋・東金などで鷹狩りを楽しんだ。そして、一二月四日江戸を発った。家康にとって、これが江戸の見納めとなった。

隠居所は泉頭

一二月一四日、三島着。明日は吉日のため隠居所を決めるといい、金地院崇伝から方位についての説明を受けた。これは、江戸滞在中の一一月二九日に、来年は頼宣に駿府城を譲って、自分は三島辺りに隠居すると述べたことによる。家康は豊臣家の滅亡によって、長年の懸案が払拭され、あとは将軍秀忠に任せればよく、いよいよ名実共に楽隠居する時が来たと思ったのであろう。

翌一五日、三島のほとり泉頭《いずみがしら》で、ここは山水佳麗な勝地なれば、ここに隠居所を造営すると定め、工事は明春より始めるとした。翌一六日、清水で頼宣の出迎えを受けて駿府城に戻った。

　元和二年（一六一六）正月元日、江戸城では年始の儀式が行われた。まず尾張・駿河（後紀伊）・水戸の御三家及び松平（越前）忠直・前田利常・池田利隆が拝謁し、次に侍従以上の家門及び譜代大名が拝謁、次にその他の譜代大名が拝謁した。翌二日は外様大名が拝謁し、三日は五位の叙爵を受けていない無爵の大名が拝謁した。秀忠は元日の夕方、年寄の酒井忠世と土井利勝を呼んで、「年中諸節の礼儀いまだ全く備らず、よて昨年より会議して定らるる所の儀、今日より始め行はるれば、当家歴世の永式となすべき」と命じた。これによって、この年始の儀式が以後幕府の儀式の基本となった。

　一方駿府では静かな正月になったようである。これまでは、駿府と江戸で行ってきた儀式を、江戸に一本化したためである。『徳川実紀』には、「今年よりして江城にをいて諸礼儀行はれ、駿府は全く略礼を用ひ給ふと見えたり」とある。家康は大坂夏の陣後、「天下大小の機務」を、将軍秀忠に任すことにしたというが、この儀式もその一つであろう。なお、これまで頻繁に引用してきた『当代記』と『駿府記』は、前者が元和元年（一六一五）正月一九日、後者が同年一二月二九日で終わっているため、以後の家康の細かい動静がわからない部分がある。

　一月一一日、伊豆の泉頭に隠居所を造営するため、この一五日に駿府を発つ予定であったが、「泉頭は地景もしかるべからず」といって、急に取り止めになった。金地院崇伝の日記『本光国師日記』によると、次の候補地は「当地竹城州之屋敷」、すなわち尾張義直の付家老竹腰山城守正信の駿府城二の丸の屋敷とある。駿府の幕臣たちは、泉頭への移転には不満だったようで、この変更を喜んだという。一三日には、大工頭中井正清に屋敷の図面作製を命じ、一九日には、竹腰の屋敷へ出向いて縄張りに立ち合っている。

鯛の天ぷら

一月二一日、家康は十男頼宣と十一男頼房をつれて田中で鷹狩りをし、田中城に入った。その時、京都から茶屋四郎次郎清次がやってきた。その話の中で家康が、「近ごろ上方にては、何ぞ珍らしき事はなきか」と尋ねたところ、「此ごろ京坂の辺にては、鯛をかやの油にてあげ、そが上に薤《にら》をすりかけしが行はれて、某も給候にいとよき風味なり」と答えた。興味をもった家康は、早速榊原清久が献上した鯛を揚げさせて食べたところ、その夜から腹痛を発した。侍医片山与安宗哲の薬がきいたのか、二四日痛みも和らいだと駿府城に戻った。しかし、完治はせず宗哲と半井驢庵成信の投薬が続いた。

心配した将軍秀忠は、二月一日午前八時頃、江戸城を発って道を急ぎ、二日の午後八時頃実に一日半で駿府城に駆けつけた。このため、家康の機嫌がよくなったという。以後秀忠は駿府城の西の丸に滞在して看病にあたった。三日脈も正常に戻ったということで、「公達御方々はいふまでもなし、上下なべて喜躍する事大かたならず」であった。この日秀忠は、全国の寺社に平癒のための祈祷を命じた。そして、七日から祈祷の御札が次次と献上されてきた。

四日、藤堂高虎・金地院崇伝らを病床に招いて物語をし、納豆汁を御馳走したりして機嫌がよかった。しかし、二二日容体が悪化した。この日は伊達政宗が駆けつけた。二三日勅使広橋兼勝と三条西実條が見舞いに訪れた。秀忠と義直・頼宣・頼房兄弟と、松平（越前）忠直は毎日看病に訪れたが、伊達政宗・福島正則・黒田長政らは、毎日見舞いができたわけではなかったようだ。

三月五日、片山宗哲が家康の怒りによって、信濃高島に配流となった。家康は薬学・医学にも関心をもち、明の薬学書である『本草綱目』も愛読したという。側近の林羅山は医学・薬学関係の書にも精通していたため、この方面の家康の質問にも応じていた。また、家康は駿府近郊の安東村に、駿府薬園を設けて薬草を栽培し、自ら製剤して大名に与えることもあった。現在久能山東照宮には、この製剤道具が残っている。このため、自ら診断して、製剤した薬を用いることもしばしばあった。この時も腹中に塊があり、これを寸白《すばく》の虫（サナダ虫）と判断して、万病円を服用したという。宗哲らは強い万病円の服用に反対したが聞かず、容態は次第に悪化していった。家康は胃がんと推定されているから効かないはずである。このため、秀忠が宗哲に命じて強く諫《いさ》めたところ、この配流となったのである。この頃になると、家康も自制が利かなくなったのであろう。宗哲はとんだ目にあったといえよう。

三月一八日、病中ではあったが、関係者を駿府城に呼び集めて、会津藩の内部抗争を裁いた。これは、藩主蒲生忠郷が三女振姫の子であったためである。二五日、武家伝奏の広橋兼勝・三条西実條らが勅使として駿府に到着した。二七日、宿泊所である臨済寺から駿府城に入り、家康を太政大臣に任ずる宣旨を伝えた。家康はこれまで太政大臣への昇進を度度辞退してきたが、死期が近づいたためか、これを受ける気になったようだ。二九日、城内で勅使らの響宴が行われた。この日も家康は衣冠に着替えて、諸大名の拝賀を受け勅使の響応にあたった。

死期を悟る

四月一日、家康は死期が近いことを悟ったのか、この頃から旧知の人びとに別れを告げるようになった。この日病床に信濃飯山藩主堀直寄を招いて、「此度の老病とても快復すべきにあらず、我なからん後、国家に於て一大事あらんには、一番の先手藤堂和泉守（高虎）、二番は井伊掃部頭《かもんのかみ》（直孝）に命じ置る。汝は両陣の間に備を立て、横槍を入べし」と命じた。直寄は感涙してこれを受けたという。直寄は外様ではあるが、駿府の家康に仕え、駿府城の大火では二度も消火に活躍して、家康に激賞され、「汝は譜第の士と同じく、今より後近習に奉仕せよ」と命じられた人物である。

四月二日、本多正純・金地院崇伝・南光坊天海を病床に呼んで、次のように遺言したことが『本光国師日記』に記されている。「臨終候ハヽ御体をハ久能へ納、御葬礼をハ増上寺ニて申付、御位牌をハ三川之大樹寺ニ立、一周忌も過候て以後、日光山に小キ堂をたて、勧請し候へ、八州之鎮守に成させらるべし」。三人は涙を流しながらこれを受けたとある。また、この日は神竜院梵舜が登城して見舞っている。

四月三日、水野忠清を病床に呼び、父忠重の旧功を誉め、また、忠清の大坂冬・夏の陣の戦功を誉めて一万石を加増し、上野小幡一万石から旧領である三河刈屋二万石への転封を命じた。忠重は刈屋城主水野忠政の九男で、姉が家康の生母お大の方であるから、忠清は家康の従弟にあたる。なお、この転封が家康の行った最後の転封となった。

四月四日、在駿の外様大名を呼んで、「我齢古希にこえて不起の病にそみぬれば、天寿すでに終らんとす。大樹（秀忠）天下の政を統領すれば、我なからん後の事、更に憂とせず。ただし、大樹の政務ひが事あらんには、各かはりて天下の事はからふべし。天下は一人の天下にあらず、天下は天下の天下なれば吾これをうらみず」といったという。しかし、これは建前である。秀忠には「諸国の大名、大樹の命にそむき、参観に怠るものあらんには、一門世臣といふとも、すみやかに兵を発し誅戮《ちゅうりく》すべきなり」といったという。これが本音である。また、「義直・頼宣・頼房がごとき年猶幼冲なれば、我いとおしみ尤ふかし、よろしく愛憐したまへ」と、三人の行く末を案じてこれを秀忠に託した。続いて三人には、「汝等は大樹の命にしたがひ、何事にも心いれて服事すべし」と命じた。

この日伊達政宗は帰国したから、数日前のことと思われるが、政宗を呼んで、将軍秀忠はまだ若いから、よく心をつくして仕えるように命じ、清拙の墨跡を与えた。また、この頃のことという。江戸の年寄土井利勝を呼んで、「近年鉄砲を以て先手として、その次弓、其次槍、其次騎馬と定れども、必しも定例にもなすべからず。銃・弓を以て先手、この次騎馬たるべし、槍は右とも左とも、時に応じて一所にあつめ、奉行を置いて指揮せしむべし、我没後此事を聞え上ぐべし」と遺命した。

四月五日、病床へ江戸の年寄酒井忠世を呼んで、酸漿《ほおずき》の茶入を与え、和歌山藩主浅野長《なが》晟《あきら》には玉堂の茶入れを与えた。そして、藤堂高虎には看病と年来の忠功を謝し、約束であった宗門を天台宗に改めさせた。また、外様大名の松倉重政・市橋長勝・桑山一直・堀直寄を呼んで、大坂両陣の軍功を誉めた上で、譜代の士と共に秀忠によく仕えるように命じた。この年秀忠によって重政は大和二見一万石から肥前日野江四万石へ、長勝は伯耆矢橋二万一三〇〇石から越後三条四万一三〇〇石へ、直寄は信濃飯山五万石から越後長岡八万石へそれぞれ加増転封された。

四月八日、病状が悪化したが、前田利常・島津家久・細川忠興を呼び、遺物として刀剣を与えた。家康が「北国筋に騒乱あらんには筑前守（利常）、西国は薩摩守（家久）、奥方は陸奥守（伊達政宗）にまかせ給へば、いづれも各国を鎮撫して、天下の静謐を心がくべし」といったのは、この時のことであろう。一一日からは、食事を一切とることができず、お湯を少し飲むほどとなった。崇伝は「もはや今明日之体ニ候」と記している。

四月一四日、福島正則を呼んで名物の茶入れを与え、大坂の陣では将軍にいろいろいう者がいたため、江戸に留め置いたが、今度は汝が異心のないことを将軍にいいおいたから、「心安く帰国し、両三年も在国すべし」、さらに「この後、将軍に対して遺憾あらば、速に兵をおこさん共心まかせたるべし」といったところ、正則は大声で泣きながら退出したという。正則を送って戻った本多正純に、正則は何か言ったかと尋ねたところ、「太閤の世に在し時より、当家へ対しいささか二心なかりしを、唯今の上意はあまり情なき御事と申ぬ」といったというと、「その一言聞む為なり」といったという。正則に対しては、最後まで一抹の危惧を抱いていたのだろう。

大往生

四月一五日、納戸番都築久大夫景忠（景春）に、三池の刀（三池典太《てんた》光世作）を取り出させ、駿府町奉行彦坂九兵衛光正に試し斬りを命じた。ただし、死刑に処する者がなければ、試すに及ばずと付け加えた。両人は刑場で罪人を処刑して戻り、「切味尤速なる名剣なり」と報告したところ、二三度振り回し、「我此剣を以て、永く子孫を鎮護すべし」といい、榊原内記清久に久能山に収むべしと命じたという。この刀は、現在も久能山東照宮に保存され国の重要文化財に指定されている。

四月一六日、病状は悪化し、お湯さえも飲むそぶりをするだけだったという。榊原清久を呼んで、久能山の廟地について事細かに命じた上で、「汝幼童の時より、常に心いれておこたらず近侍し、且魚菜の新物を献ずる事絶ず、我死すとも汝が祭奠をこころよくうけんとす。東国の諸大名は多く普代の族なれば、心おかるる事もなし。西国鎮護のため、神像を西に面して安置し、汝祭主たるべし」と命じた。

家康が病床に臥せった後は、身の回りの世話をしたのは、松平（大河内）正綱・板倉重昌・秋元泰朝・榊原清久の四人で、家康も「心やすくめしつかはれしなり」という。遺言に自分の「神像を西に面して安置し」とあるように、家康は最後まで、西国大名の動向を気にかけていたようである。権力者というものは、絶対安心という境地にはなれないものであろうか。もっともこの心配は、薩長を中心とする倒幕運動として現実のものとなるが、それは二百数十年も後のことである。

四月一七日、午前一〇時過ぎ頃、家康は駿府城本丸で榊原清久の膝を枕に七五年の生涯を閉じた。『徳川実紀』には、辞世と伝えられる和歌が二首記されている。

嬉しやと二度さめて一眠り
　　うき世の夢は暁のそら

先にゆき跡に残るも同じこと
　　つれて行ぬを別とぞ思ふ

辞世といえば、豊臣秀吉の「つゆとをち　つゆときへにし　わがみかな　なにわ（難波）のことも　ゆめの又ゆめ」が有名で、秀吉の波瀾の生涯が浮かんでくるような辞世である。家康は詩歌をはじめ、文学にはあまり興味を示さなかったというが、この辞世がそれを物語っていると思われる。

この夜、家康の遺命によって、柩が久能山へ運ばれた。これに従ったのは、本多正純・松平（大河内）正綱・板倉重昌・秋元泰朝・将軍秀忠の名代土井利勝・義直の名代成瀬正成・頼宣の名代安藤直次・頼房の名代中山信吉・金地院崇伝・南光坊天海・神竜院梵舜で、その他の者は山に登ることを禁じられた。この夜は、家康の死を弔うかのように、小雨が降っていたという。

なお、家康の遺訓として知られているものに、「人の一生は重き荷を負うて遠き路を行くが如し、急ぐべからず、不自由を常とおもへば不足なし、心に望みおこらば困窮したる時を思ひ出すべし、堪忍は無事長久の基、いかりを敵と思へ、勝つ事ばかり知りて負くる事を知らざれば害其身に至る、おのれを責めて人をせむるな、及ざるは過ぎたるに勝れり」がある。無論家康のものではなく後世の偽作である。

家康の性格としてよくあげられるのは、堅実、努力、忍耐、沈着、冷静であり、質素倹約を旨とし、人使いがうまく、先見性と組織力・行動力に富んだというところであろう。そうであるならば、この遺訓はよくできたものといえよう。戦国の世を生き抜き、最後に天下人となったのであるから、その七五年の生涯は波瀾万丈の人生となるが、織田信長や豊臣秀吉のような派手さは見られない。これはその性格から、健康に留意して着実な人生を歩んだ結果であり、見事な生涯であったといえよう。

15　何もかも夢ニて候　―大御所政治の終焉―

天海の陰謀

家康の葬儀は、その遺命により神竜院梵舜によって、吉田（唯一《ゆいいつ》）神道の方式で行われた。当然その神号も明神となるはずであった。ところが、天海が突然、本多正純と金地院崇伝と自分が、病床に呼ばれて遺命を受けた後、さらに自分だけ呼ばれて、「此うへは御坊の神道の奥義（山王一実神道）により、いよいよ子孫の繁栄を祈る事なり。つたへ聞、むかし大織冠《たいしょくかん》鎌足（藤原）は、摂州阿威に葬り、一年過て和州談峰（談山神社）に遷葬せしとか、我なからん後には此例になぞらへ、遺骸をばまず駿河の久能山に葬り、三年の後野州の日光山にうつすべし」との遺命を受けたといい出したのである。このため、神号は吉田神道の明神ではなく、天台宗の山王一実神道の権現としなければならないと主張した。

驚いた正純・崇伝と天海との間で、明神・権現論争がおこったが、結局秀忠は天海の主張をいれた。それは、豊臣秀吉が死後豊国大明神として京都の豊国社に祭られたが、大坂夏の陣後家康が朝廷に奏請して、その神号を廃し豊国社を取り壊した。その不吉な明神として祭るなど、以ての外という主張が通ったためである。これには誰も反論できなかったようだ。

元和二年（一六一六）九月、朝廷から家康の神号として、「東照大権現、日本大権現、威霊大権現、東光大権現のうちを以て、御所（秀忠）思召のままに定め給ふべし」といってきた。秀忠は「東照大権現」を選んだ。こうして、家康は天海が主張した東照大権現という神になったが、天海はさらに、自分が管理する下野日光山への改葬を主張した。家康が正純・崇伝・天海の三人にした遺命は、「日光山に小キ堂をたて、勧請し候へ、八州之鎮守に成させらるべし」であった。「改葬」ではなく「勧請」（霊を移して祭る）であり、「小キ堂」である。しかし、もう誰も反論する者はいなかった。翌三年（一六一七）三月一五日、家康の神柩は美美しい出立の旧側近たち、本多正純・松平（大河内）正綱・板倉重昌・秋元泰朝・榊原清久、将軍名代土井利勝・義直名代成瀬正成・頼宣名代安藤直次・頼房名代中山信吉らに守られて、久能山を出発した。すべてを取り仕切ったのは天海であった。

これらは、すべて天海の陰謀である。家康の死を利用して遺言を捏造し、宗教界における自身の勢力の拡大をはかったのである。家康が三人に遺命しておきながら、後に天海だけを呼んで、別の遺言をするなどありえないことである。また、山王一実神道の権現とするなど、それならばなぜ梵舜を退けて、葬儀一際を天海に任せなかったのかということになる。

天海は駿府の側近の中では地位は低く、活動範囲も宗教関係に限定された。同じ僧侶でも、側近中の側近であった崇伝とは比ぶべくもなかった。しかし、二代将軍秀忠、三代将軍家光の信任も得て、上野忍岡の地をもらって、天台宗の総本山比叡山延暦寺に対抗する東叡山寛永寺を創建した。さしもの家康もあの世で、「天海坊主にはしてやられた」と苦笑いしたであろう。なお、久能・日光などの東照社は、正保二年（一六四五）一一月三日に、朝廷より宮号の宣下を受けたため、東照宮と称することになった。

家康の遺産

家康が駿府城に残した遺産は莫大であった。金銀、刀剣・甲冑をはじめとする武具類、茶入・茶壺・茶碗や掛物（墨跡・古筆・懐紙・唐絵）などの茶の湯道具、文房具、屏風・脇息・花生《はないけ》・時計などの調度品、小袖・羽織などの衣服、伽羅《きゃら》・麝香《じゃこう》などの香及び香道具など。そして、駿河文庫の書籍などである。その数量もたとえば刀剣は一一七二振、茶器二万余点、伽羅二七貫という。

金銀については、『久能御蔵金銀請取帳』に、「松平右衛門尉殿（正綱）御預分」「御天主金蔵〻《より》出分」「おしい（奥女中）御預り」「おなつ（側室お夏の局か）御あつかり」「おかちさま（側室お勝の局）御預り」「おやや（奥女中）御預り」「御女房衆寄合（奥女中衆）」とある。これによって駿府城の金銀は、勘定頭の正綱が管理する天守閣の金蔵のものの他に、別に正綱が預かっていたものと、四人の女性の預り分と、奥女中たちが連帯して預かっていたものとがあったことが知られる。家康は金銀の管理にも女性を用いていたのである。

この合計は、「金ノ箱数四百七拾箱、銀ノ箱四千九百五十三箱、銀銭五十五こり」である。金は大判・小判・甲州判・分銅・印子《いんす》金・玉金などで、銀は灰吹・南鐐・大黒・板銀などである。金は小判に換算して約九四万七七〇〇両、銀は小判に換算して約百万一〇〇〇両、合計約百九四万八七〇〇両、およそ二百万両である。家康は慶長一二年（一六〇七）三月と閏四月に、伏見城に保管していた金銀、小判換算で約七八万両を駿府に運んだから、駿府での約十年間に、約百二十万両を新たに溜め込んだことになる。さすが質素倹約家の家康である。将軍秀忠は「われ已に天下の譲りを受し上は何をか望まむ」といって、家康の義直・頼宣・頼房に分つように命じた。秀忠はなにも無欲だったわけではなく、家康からすでに約四百万両を譲られていたからである。

林羅山が管理していた書籍以外は、本多正純がその配分にあたった。正純は約二百万両の内約百万両を久能山の金蔵に移し、残りを五・五・三の比率で三人に分けた。また、刀剣も特に良いもの四六振を江戸城に移し、その他を五・五・三の比率で三人に分けた。なお、久能山に移された約百万両は、三代将軍家光の命により、寛永九年（一六三二）と同一三年（一六三六）に江戸城の金蔵に移された。

駿河文庫の書籍約一万冊については、「駿河文庫と駿河版」で述べた通りで、羅山はこの内「本朝の旧記及び希世の書」五〇部一三三七冊を江戸城に移し、残りを五・五・三の比率で三人に分けた。これを「駿河御譲本」という。尾張義直はこの御譲本一冊ごとに、「御本」の印を押して他と区別した。現在その多くが名古屋市の蓬左《ほうさ》文庫に所蔵されている。

駿府を去る人びと

将軍秀忠は五月二一日、駿府の幕臣たちに江戸帰還を命じた。続いて休暇を与えるから、知行所あるいは上方・駿府へ行こうと勝手である。ただし、秋には江戸に戻るべしと命じた。これは、駿府帰りの幕臣たちに与える宅地の造成のためであった。関八州の農民を動員して神田川を掘り替え、神田山の一部を削って、宅地を造成した。ここに駿河台の地名がついたのはこのためである。駿府で槍奉行を務めていた大久保彦左衛門忠教《ただたか》も、この時駿河台に屋敷を与えられて移った。屋敷は明治大学の向かい辺りで、現在「大久保彦左衛門屋敷跡」の石碑が建っている。

　家康を失った側室たちは、阿茶の局を除いて次次と落飾した。茶阿の局は朝覚院、お亀の局は相応院、お勝の局は英勝院、お万の局は養珠院、お夏の局は清雲院、お六の方は養《よう》儼《げん》院と称した。お亀の局は我が子義直の居城である名古屋城に移ったが、他の六人は江戸に屋敷を与えられた。落飾しなかった阿茶の局は、元和六年（一六二〇）に将軍秀忠の五女和子《かずこ》が、後水尾《みずのお》天皇の女御（のち中宮）として入内する時に、生母お江与の方の御母堂代を務めた。皇女誕生の時も上洛し、のち従一位に叙せられ神尾《かんお》一位殿といわれた。江戸城の竹橋の内に屋敷を与えられ、寛永九年（一六三二）に秀忠が没した時に、落飾して雲光院と称した。

　幕臣たちが江戸に移ると、駿府は五〇万石の頼宣の家臣だけとなった。さらに、元和五年（一六一九）に頼宣が紀伊和歌山へ転封になると、駿府城代以下の少数の駿府役人のみとなった。ドン・ロドリゴ・デ・ビベロが、一二（一〇）万といった駿府の人口も、これによって激減した。近江小室藩主小堀遠江守政一は、その紀行文『辛酉紀行』に次のように記している。元和七年（一六二一）九月久しぶりに駿府を訪れたが、かつての屋敷は荒れ果て、「門前草深く、見るに堪えず。住なれしやどは葎《むぐら》に閉られて、烋風《しゅうふう》かよふ庭の蓬《ほう》生《せい》」の歌を残して去っている。

何もかも夢ニて候

家康の死と駿府政府の解消は、側近たちに大きな変化をもたらした。年寄筆頭の本多正純は、年寄としてはただ一人江戸の年寄となった。しかし、駿府にいた時のようにはいかなかった。それは、家康が特別に将軍秀忠に付けた正純の父正信が、六月七日家康のあとを追うように、七九年の生涯を閉じたためである。いま一つは、他の年寄たちは、秀忠の側近としてこれまで秀忠を補佐してきた者たちである。秀忠もそうであったであろうが、側近たちは、家康の絶大な信任を得た本多父子には、忍耐を強いられることが度度あったと思われる。父子に対して含むところがあって当然である。このような中に正純は身を置くことになったのである。元和五年（一六一九）これまでの功績によって、下野小山三万三〇〇〇石から同国宇都宮一五万五〇〇〇石に加増された。父正信は加増を固辞して二万二〇〇〇石でその生涯を閉じた。権力を握った者が高禄も受ければ、人びとの反感を買うことを承知していたからである。だから「二つの大久保事件」でも述べたように、死の直前将軍秀忠に、「上野介（正純）が所領、今の儘にてこそ候ふべけれ、必ず余多賜ふべからず」と願ったのである。当然正純にもこのことを遺言したであろう。

しかし、正純は父に劣らず有能といわれたが、正信とは異なり当然のようにこれを受けたのである。同八年（一六二二）出羽山形藩主最上義俊の改易の時、正純は山形城請取を命じられて山形へ赴いた。それを追いかけるように、今度は正純に改易の沙汰が下った。世にいうところの宇都宮の釣天井事件である。これは、慶長一九年（一六一四）に江戸の年寄大久保忠隣《ただちか》が、上方のキリシタン取り締まりを命じられて上洛した時、改易の命が下ったのと軌を一にする。この時、無念の思いをした忠隣の叔父大久保彦左衛門忠教《ただたか》は、今度は「因果の報か」といって溜飲を下げた。

年寄成瀬正成と安藤直次は、尾張義直と駿河頼宣の付家老でもあった。家康は死の直前両人を呼んで、「汝等よく義直・頼宣を補導して、後々も将軍へ対して二心あらしむべからず」と遺命した。このため、両人は家康の死後年寄をはずされて、付家老専任となった。正成はこの年三〇〇〇石を加増されて、尾張犬山二万三〇〇〇石を領し、これまでの下総栗原一万四〇〇〇石を次男之成《ゆきなり》に与えた。元和六年（一六二〇）さらに一万石を加増されて三万三〇〇〇石となった。

直次は元和三年（一六一七）に一万石を加増されて、遠江掛川二万石となり、同五年（一六一九）頼宣の紀伊和歌山五五万五〇〇〇石への転封に伴って、同国田辺三万八八〇〇石へ移った。この両家は、付家老であるため特別待遇を受け、それぞれ犬山と田辺城主であった。しかし、尾張徳川家と紀伊徳川家の家老であったため、他の譜代大名のように、老中以下の幕府の重職につくことはできなかった。直次の弟重信は、将軍秀忠につけられたため年寄（老中）となり、上野高崎城を与えられて五万六六〇〇石を領し、その子孫に三人の老中が出たのと明暗が分かれた。

奉行衆の一人松平（大河内）正綱は、元和二年（一六一六）三月加増されて三七八〇石となり、寛永二年（一六二五）加増されて、やっと相模甘縄二万二一〇〇石の譜代大名となった。正綱は二代秀忠・三代家光に仕えたが、幕府の重職に就くことはなかった。しかし、日光東照宮の廟塔再建、宮号宣下、社参、東照宮三三回忌の法会など、東照宮に関することは正綱が命じられて行っている。なお、正綱の養子伊豆守信綱は、「知慧伊豆」と呼ばれ、三代家光・四代家綱のもとで老中として活躍した。

板倉重昌は元和二年（一六一六）、三〇〇〇石を加増されて五二三〇石余となり、寛永元年（一六二四）父勝重の遺領のうち六六一〇石余を分与され、自身の所領と合わせて三河深溝一万一八五〇石の譜代大名となった。さらに同一〇年（一六三三）には、新田を合わせて一万五〇〇〇石となった。同一四年（一六三七）の島原の乱では、幕府軍の上使（総司令官）に任命されたが、翌年正月の総攻撃で銃弾を受けて戦死した。

秋元泰朝は慶長一九年（一六一四）加増されて五〇〇〇石となり、元和八年（一六二二）父長朝のあとを継いで、自身の所領と合わせて上野総社一万五〇〇〇石の譜代大名となった。この三人は「近習出頭人」といわれ、家康の信任が厚かった。しかし、家康の死後大名にはなったが、正綱の二万二一〇〇石が最高である。駿府では元和元年（一六一五）に三人共奉書加判を命じられたが、江戸に戻ってからはこれもなくなった。これに対して、将軍秀忠には「近侍の三臣」といわれた同じ立場の、井上正就・永井尚政・板倉重宗（重昌の兄）がいた。三人は元和二年（一六一六）の時点では、一万石・五〇〇〇石・五〇〇〇石であったが、後に遠江横須賀五万二五〇〇石・山城淀一〇万石・下総関宿五万石となり、正就・尚政は老中に、重宗は京都所司代に栄進した。その差は歴然である。秀忠にとって、自分の側近は可愛いし扱い易い。これに対して父家康の側近は、いろいろと使いづらいところがあったのであろう。

重宗と重昌の父京都所司代板倉勝重は、家康の信任厚く名所司代といわれた。秀忠も余人をもって代えがたしということで、七六歳で隠居するまで務めさせたが、その所領は一万六六一〇石のままであった。

駿府町奉行兼駿河・遠江・三河代官彦坂九兵衛光正は、元和二年（一六一六）家康の遺命によって徳川頼宣に付けられ、三〇〇〇石を加増されて五一六〇石になった。頼宣のもとでも駿府町奉行を務めたと思われるが、同五年（一六一九）頼宣の紀伊和歌山転封に伴い和歌山へ移った。

長崎奉行長谷川左兵衛藤広は、慶長一九年（一六一四）一二月より堺奉行を兼任した。大坂夏の陣のはじめ、大野道犬治胤が徳川方に内通しているとして堺を焼き払った。このため、堺の人びとは捕えられた治胤を、源平の昔奈良を焼き払った平重衡の例によって、堺での処刑を要請した。藤広はこれをいれて治胤を堺で梟首にした。元和三年（一六一七）一月堺奉行の兼任を解かれ、一〇月五〇年の生涯を閉じた。その子供たちは若年だったため家を継ぐことが許されず、三代将軍家光の時になって、やっと幕臣に加えられた。

金地院崇伝は江戸に移ってからも、外交や宗教政策に参画したが、昔日の面影はなかった。崇伝は誠心誠意家康とその死後は幕府に尽したが、その反面憎まれ役を買うことになった。晩年の紫衣事件がその代表である。世間では「大慾山気根院僭上寺悪国師」と呼んだという。細川忠興が嫡子忠利に宛てた手紙に、「金地院取沙汰の事。日本国上下万民悪口申し候。にかく〳〵敷儀に候」と書いている。これが崇伝の生き方であった。

南光坊天海は「天海の陰謀」のところで述べたように、要領がよく抜目のない人物であった。駿府の側近の中で、家康の死後も活躍したのは天海だけである。天海の良い点は、自分の分を弁えていて、宗教以外のことにはほとんど口出ししなかったことであろう。一方で僧侶という立場から、罪をえた者たちの取りなし役を務めたことから、評判がよく、崇伝とは対照的であった。

林羅山は秀忠にはあまり用いられず、弟の信澄（永喜）が御咄衆《おはなししゅう》になった。しかし、三代将軍家光の御咄衆となり、崇伝没後は外交文書の起草などは、羅山の職務となるなど息を吹き返した。羅山の子孫は、幕府の文教面を担当したため、その初代である羅山は、神君家康の側近だったということもあって、その業績が誇張されて伝えられることになった。その点では天海も同じで、東叡山寛永寺や日光東照宮を開いたため、その後継者たちによって業績が誇張された。

豪商の茶屋四郎次郎は三代目の清次になっていたが、家康が没すると六月、将軍秀忠から暇を出された。角倉了以は慶長一九年（一六一四）七月に没し、二代目を素庵が継いだ。素庵も茶屋同様秀忠の側近にはなりえず、元和三年（一六一七）に江戸城修築用材を、富士山から伐り出しているが、単なる御用商人に戻ったと思われる。外国人から「財務会議の議長」といわれた、後藤庄三郎光次は、江戸の年寄安藤重信と共に、落城後の大坂城の金銀を査検し、金二万八〇六〇枚と銀二万四〇〇〇枚を家康に届けた。九月家康が江戸へ行く時に随行したが、目を患って盲人同様となり、これが最後の奉公となった。

江戸に移った崇伝の回りには、馴染みのある顔はほとんど見られなくなった。将軍秀忠の下では、駿府の側近たちはほとんど不要な存在になったのである。崇伝はこの寂しい気持ちを、懇意にしていた細川忠興宛の手紙に、「何もかも、今ニはじめぬ夢ニて候」と書いている。駿府の側近たちにとって、家康の下で天下を動かし、江戸幕府の基礎づくりに邁進した日日は、夢のまた夢となったのである。

年表

慶長　八年（一六〇三）　六二歳	二月　征夷大将軍となり江戸に幕府を開く
一〇年（一六〇五）　六四歳	四月　征夷大将軍を三男秀忠に譲り、大御所となる
一一年（一六〇六）　六五歳	三月　明年駿府を隠居地にするため、城の修築を行うと宣言 四月　駿府藩主内藤信成、近江長浜四万石へ転封
一二年（一六〇七）　六六歳	二月　駿府城修築工事始まる 三月　駿府に移る。伏見城保管の財宝等駿府城に移す 閏四月　九男義直甲斐府中二四万石より尾張清洲六一万九五〇〇石へ転封（居所は駿府城） 五月　対馬藩主宗義智、朝鮮使節を伴い来駿 七月　完成した本丸御殿に入る 一二月　本丸焼失
一三年（一六〇八）　六七歳	三月　本丸再建成る 六月　伊賀上野藩主筒井定次、駿府城で裁判、二〇万石改易 八月　将軍秀忠来駿、五重七階の天守完成 九～一二月　江戸へ行き、近郊で鷹狩を楽しむ

一四年（一六〇九）	六八歳	六月	本丸大奥で出火、奥女中二人遠流、下女二人火刑
		七月	オランダ使節来駿、貿易を許可する
		一〇月	難破して上総に漂着した前ルソン長官来駿。密通事件を起こした女官と公家を処分する
		一二月	長崎でノッサ・セニョーラ・ダ・グラッサ号事件起こる。十男頼宣常陸水戸二五万石より駿河・遠江五〇万石に転封。十一男頼房常陸下妻五万石に二〇万石を加増され、水戸二五万石となる（居所は駿府城）
一五年（一六一〇）	六九歳	閏二月	駿府城で越後福島藩の裁判、藩主堀忠俊（四五万石）家老堀直次（五万石）改易。五女市姫（四歳）死去
		八月	薩摩藩主島津家久、琉球国王尚寧を伴い来駿
		一〇月	本丸の台所より出火、大奥の一部と二の丸の一部焼失。一一月にかけて江戸へ行き、近郊で鷹狩を楽しむ
一六年（一六一一）	七〇歳	三～四月	後陽成天皇の譲位と後水尾天皇の即位のため上洛 二条城で豊臣秀頼と対面。内裏の造営を諸大名に命ず。 諸大名に三カ条の誓紙を提出させる
		五月	スペイン使節来駿（贈物の一つが久能山東照宮所蔵の置時計）
		一〇～一一月	江戸へ行き、近郊で鷹狩を楽しむ

一七年（一六一二）	七一歳	一～二月　名古屋城の築城工事視察を兼ねて、鷹狩を楽しむ 二～三月　岡本大八事件、大八駿府安倍川原で火刑、肥前日野江藩主有馬晴信甲斐へ配流。幕府直轄都市にキリスト教禁止令を出す。幕臣原主水等改宗に応じず改易 閏一〇～一二月　江戸へ行き、近郊で鷹狩を楽しむ
一八年（一六一三）	七二歳	四月　大久保長安死去、生前の不正露見し、子息七人・配下の役人・関係する大名等処分 六月　「公家衆法度」を制定 八月　イギリス使節来駿、貿易を許可する 九～翌一九年一月　江戸へ行き、近郊で鷹狩を楽しむ 一二月　「伴天連追放之文」（キリスト教禁止令）を発布
一九年（一六一四）	七三歳	一月　江戸年寄大久保忠隣、相模小田原六万五〇〇〇石を改易、関係者を処分 二月　江戸年寄酒井忠世以下八人に誓紙を提出させる 八月　方広寺鐘銘の件で、片桐且元及び大蔵卿の局・二位の局・正栄尼来駿 九月　片桐且元大坂城を退去

元和元年（一六一五）　七四歳	
一〇月	一日　大坂出陣を命ず（大坂冬の陣）。一一日　駿府城を出陣。二三日　二条城に入る。将軍秀忠江戸城を出陣
	二四日　京都所司代板倉勝重と金地院崇伝に、仙洞御所や公家に伝来する古記録の写本を命ず
一一月	一五日　家康二条城を将軍秀忠伏見城を出陣、大坂城へ
	一九日　徳川勢木津川口の砦を攻略（本格的な戦闘始まる）
一二月	四日　真田丸の攻防、徳川勢敗退。一七日　後陽成天皇勅使を派遣して講和の斡旋をはかる。家康辞退する。
	一八日　側室阿茶の局と駿府年寄本多正純、講和交渉を開始。二〇日　講和成る。二三日　大坂城の堀埋め立て始まる
一月	三日　二条城を出発
二月	一四日　駿府城に戻る
三月	板倉勝重より大坂再叛の報告。林羅山・金地院崇伝に「大蔵一覧集」の出版を命ず
四月	四日　尾張藩主徳川義直の婚礼を理由に出陣。一八日　二条城に入る。二一日　将軍秀忠伏見城に入る
五月	五日　二条城を出陣、秀忠伏見城を出陣（大坂夏の陣）

六日　道明寺・八尾・若江の戦闘で、後藤基次・薄田兼相・木村重成等戦死
七日　天王寺口・岡山口の戦闘で、真田信繁、本多忠朝・小笠原秀政等戦死
八日　豊臣秀頼・生母淀殿等自決、豊臣家の滅亡

六月　三〇日　林羅山完成した「大蔵一覧集」を届ける

閏六月　「一国一城令」を制定

七月　「武家諸法度」・「禁中並公家諸法度」を発布

八月　四日　二条城を出発。二三日　駿府城に戻る

九～一二月　江戸へ行き、近郊で鷹狩を楽しむ

一二月　一五日　三島で明年泉頭に隠居所を造営すると表明

元和　二年（一六一六）　七五歳

一月　一一日　泉頭の隠居所造営をやめ、駿府城二の丸の竹越正信邸に変更する
一九日　林羅山・金地院崇伝に「群書治要」の出版を命ず
二一日　十男頼宣・十一男頼房を連れて田中付近で鷹狩。田中城で腹痛を発す
二四日　小康をえて駿府城に戻る

二月　一日　将軍秀忠江戸城を出発、二日駿府城に入り対面

	三月	二五日　太政大臣に任じられる
	四月	二日　本多正純・金地院崇伝・南光坊天海に、葬儀について命じる。この頃から諸大名呼んで別れを告げる
		四日　形見を与えられた仙台藩主伊達政宗駿府を辞す
		五日　江戸年寄酒井忠世・和歌山藩主浅野長晟に形見を与える。伊勢津藩主藤堂高虎に年来の忠功を謝す
		八日　加賀藩主前田利常・薩摩藩主島津家久・豊前小倉藩主細川忠興に形見を与える
		一四日　広島藩主福島正則に別れを告げる
		一七日　死去。久能山に葬る
	五月	将軍秀忠、駿府の幕臣に江戸移住を命ず
	九月	神号「東照大権現」に決まる
三年（一六一七）	三月	久能山の棺を日光に移す
正保　二年（一六四五）	一一月	宮号宣下により、久能山・日光の東照社は東照宮となる

参考文献

『徳川実紀』（新訂増補国史大系）吉川弘文館
『当代記』（史籍雑纂）国書刊行会
『駿府記』（家康史料集）人物往来社
『本光国師日記』続群書類従完成会
『寛政重修諸家譜』続群書類従完成会
『藩翰譜』人物往来社
『武野燭談』（江戸史料叢書）人物往来社
『徳川幕府家譜』（徳川諸家系譜１）続群書類従完成会
『柳営婦女伝系』（徳川諸家系譜１）続群書類従完成会
『幕府祚胤伝』（徳川諸家系譜２）続群書類従完成会
『ドン・ロドリゴ日本見聞録』（異国叢書）雄松堂書店
『ビスカイノ金銀島探検報告』（異国叢書）雄松堂書店
『静岡県史　通史編３　近世１』静岡県
『家康の政治経済臣僚』中村孝也　雄山閣出版
『定本徳川家康』本多隆成　吉川弘文館
『日本近世の歴史１　天下人の時代』藤井譲治　吉川弘文館
『日本の時代史14　江戸幕府と東アジア』吉川弘文館
『江戸幕府刊行物』福井　保　雄松堂出版
『淀君』（人物叢書）桑田忠親　吉川弘文館

参考文献

『片桐且元』（人物叢書）曽根勇二　吉川弘文館
『林羅山』（人物叢書）堀　勇雄　吉川弘文館
『家康と駿府城』静岡新聞社
『戦国三姉妹物語』小和田哲男　角川書店
『日本の合戦７　徳川家康』人物往来社
『大坂の陣』二木謙一　吉川弘文館　他

論文
「慶長期の駿府城修築」松本長一郎『地方史静岡』11号
「徳川一門付家老の成立と駿府政権」白根孝胤『徳川林政史研究所研究紀要』33号
「徳川家康と鷹狩」山名隆弘『國學院雑誌』82巻４号
「徳川家康の遺金と御三家への分与金」徳川義宣『金鯱叢書』21輯
「東照大権現号の創出と徳川秀忠」野村玄『日本歴史』７６９号　他

杉山　元衛（すぎやま・もとえ）
昭和14年（1939）静岡市生まれ。昭和37年國學院大學文学部史学科卒。県立高校・県立中央図書館に勤務、平成12年（2000）県立焼津中央高校定年退職。
著書「静新新書45 物語 駿遠の諸藩」「焼津藤枝島田志太榛原歴史散歩」「静岡県の歴史ごよみ」（静岡新聞社）「郷土史事典静岡県」（昌平社）。共編「角川日本地名大辞典22 静岡県」「静岡県姓氏家系大辞典」（角川書店）「歴史散歩22 静岡県の歴史散歩」（山川出版社）。共著「東海道と人物」「家康と駿府城」「静岡県の史話」（静岡新聞社）「静岡の歴史百話」（山川出版社）「三百藩藩主人名事典2」（新人物往来社）他。

駿府の時代
—家康の大御所政治—

発行日…………2019年3月20日 初版発行

著　者…………杉山　元衛
発行者…………大石　　剛
発売元…………株式会社静岡新聞社
〒422－8033 静岡県静岡市駿河区登呂3－1－1
電話　054-284-1666
印刷所…………図書印刷株式会社

ISBN978-4-7838-1090-2

定価はカバーに表示しています
乱丁・落丁本はお取り替えいたします